林龙江
（1517—1598）

“福建历史文化名人丛书”编委会

福建历史文化名人丛书
福建省社会科学界联合会 编

林龙江

壶山高士 南剑儒宗

卢永芳 编著

海峡出版发行集团 THE STRAITS PUBLISHING & DISTRIBUTING GROUP | 福建人民出版社 FUJIAN PEOPLE'S PUBLISHING HOUSE

图书在版编目（CIP）数据

林龙江：壶山高士　南剑儒宗 / 卢永芳编著. --福州：福建人民出版社，2022.11
（福建历史文化名人丛书）
ISBN 978-7-211-08793-8

Ⅰ.①林…　Ⅱ.①卢…　Ⅲ.①林龙江—生平事迹
Ⅳ.①K825.1

中国版本图书馆CIP数据核字（2021）第264106号

林龙江
LINLONGJIANG
——壶山高士　南剑儒宗

作　　者：卢永芳
责任编辑：陈　宽
责任校对：陈　璟
出版发行：福建人民出版社　　**电　　话**：0591-87604366(发行部)
网　　址：http://www.fjpph.com　　**电子邮箱**：fjpph7211@126.com
地　　址：福州市东水路76号　　**邮　　编**：350001
经　　销：福建新华发行（集团）有限责任公司
印　　刷：福州凯达印务有限公司
地　　址：福州市金山红江路2号浦上工业园B区47号楼
开　　本：700毫米×1000毫米　1/16
印　　张：7.75
字　　数：80千字
版　　次：2022年11月第1版　　2021年11月第1次印刷
书　　号：ISBN 978-7-211-08793-8
定　　价：25.00元

总 序

李 红

社会科学承载着“认识世界、传承文明、创新理论、咨政育人、服务社会”的重要功能，是人类赖以传承的精神支柱。近年来，福建省各级各部门认真贯彻《福建省社会科学普及条例》，社会科学普及工作扎实开展、稳步推进，通过举办全省社科普及宣传周、建立社科普及基地、开办社科普及讲坛等社科普及咨询平台载体，其制度化、常态化、大众化工作取得了明显成效。

习近平总书记指出，文化是民族生存和发展的重要力量，中华优秀传统文化已经成为中华民族的基因，植根在中国人内心，潜移默化地影响着中国人的思维方式和行为方式。福建文化是中华文化中极富特色的一部分，深度融入了中国文化的进程，展现出突破陈规、积极进取、兼容并包、锐意创新的胸襟和气魄。向大众传播福建优秀的历史文化知识，是福建省社科普及工作的重要内容。以接福建地气、讲福建故事、塑福建形象、续福建文脉的姿态编辑出版的“福建历史文化名人丛书”，既较为全面地展示了福建文化深厚的历史底蕴和丰富的人文精神，也为福建当下的社会文化建设提供了有益的资鉴。“福建历史文化名人丛书”所包含的朱熹、林则徐、严复、陈嘉庚等人物传记，记录了福建文化之于中国历史的影响，同时也以人物史的叙述方式生动地展现出中国人文精神的风骨和传统文化的传承。

今天，我们提倡和弘扬社会主义核心价值观，必须从中华优秀传统文化中汲取丰富营养，否则就会缺乏生命力和影响力。“福建历史文化名人丛书”记录了福建历史文化人物的价值观践行轨迹，重温了这批福建历史文化乃至中国历史文化史上重要人物的生命历程，以浅显晓畅、通俗易懂的叙述方式讲述了中华优秀传统文化传承的当代意义，开辟了社会科学知识进入千家万户的新路子。

“最忆市桥灯火静，巷南巷北读书声。”一套好的社会科学普及丛书，总是能带动起读书的风气。将学习作为一种追求、爱好和健康的生活方式，也是“福建历史文化名人丛书”所期望实现的目标。在文字中领略福建地域文化魅力，在阅读中传承传统文化养分，在感悟中提升人文道德情操，社会科学普及丛书的出版，可谓正当其时。

（作者系福建省人民政府原副省长，福建省政协原副主席）

目 录

第一章　少有慈心　初通文窍/001

第二章　弃名学道　始言三教/007

第三章　焚衣明志　靖倭寇乱/023

第四章　不辩非议　著作外流/037

第五章　纲常入衣　再论井田/045

第六章　改建东山　倡道东南/057

第七章　两度受挫　入山传法/077

第八章　屡获嘉奖　礼部购书/097

第九章　道嘱卢生　魂归九天/103

后　记/114

第一章

少有慈心 初通文窍

林龙江少年时常怀乐善好施之心，刚成年便一改此前平庸之貌，才华横溢，名声大振。

林兆恩（1517—1598），字懋勋，号龙江，道号子谷子，世称三教先生，其门徒尊其为三一教主，又敬为夏午尼氏道统中一三教度世大宗师。明正德十二年（1517年）七月十六日寅时，生于莆田县城内赤柱巷林府。其祖父林富是明弘治年间兵部右侍郎，曾总督两广军务，与王阳明相交甚厚。

相传，幼时抓周，林龙江无视满盘书籍、玩具、称剪、美食等物件，竟然“独举一镜”，遍照四方，令其祖父林富啧啧称奇。然而，等到林龙江6岁进学，“每读书数行，须数十遍方能认识”，这让林富颇生忧戚之念，但也无计可施。想来这孩子大抵也是资质平平，不堪厚望。

不过，林龙江似乎天性与神佛有缘，每见有小儿亵渎神像，他就会出言呵止，要人尊敬神灵，俨然一个小大人。同时，因他家世显赫，经济殷实，每有外出，必带碎银。不同于一些富家子弟的是，林龙江带钱不是用于挥霍，而是随时施舍给乞儿或者穷人。

有一次，林龙江的母亲发现他这一举动，便责问他说：“你拿钱出去送给穷人做甚？”林龙江一本正经地解释说：“娘啊，我们家里有钱，何必在乎那一点点小钱呢？况且天道恶盈，你现在不损有余以补不足，将来上天降灾，就悔之晚矣！”母亲见他说得在理，遂反嗔为喜：“儿啊，你小小年纪竟有这般见识，是为娘的想法不周了。”其时，林龙江才13岁。

嘉靖十一年（1532年），林龙江16岁，恰好是莆仙风俗习惯中男子成丁之年。在这一年里，原本看似资质平庸的林龙江突然文思泉涌，下笔如有神助，而且文采飞扬，就像变了一个人似的，令人刮目相看。其所撰《博士家言》，词锋景焕，条理清晰，观点新颖，备受林富喜爱，以为这是他孙儿聪明花开的一大表现。

两年后，林龙江每年参加县里考试，都获得优等。其时，潘潢督学闽中，他因不从宰相私荐，被贬为福建提学副使。潘潢一到福建任所，“招下县童子聚学，士之贫者赈之，竞进者必斥出教外。为诸生立辅仁、纪业二籍，请今少师徐公阶、故督学章公衮为之师，讲明正学，一时士争矜励”。正是因潘潢这样热心教育的行家里手出现，林龙江的满腹经纶有了用武之地。一次，莆田县开展例行考试，恰好潘潢巡至，发现林龙江文字功底不错，见解尤高，遂评其文为见理之文，直接拔置高等，补邑弟子员（即县学生员）。至此，林龙江的才名传出。

其时，林龙江已经18岁了，也到了当婚的年龄。林府家境优渥，前来说媒的人争先恐后，最终林家看中的儿媳人选是侍郎陈公的女儿。

可是，谁曾想到，好端端的陈家小姐竟在说亲不久就抱病归天。

或许是冲喜之需，林家连忙订下仙游名宦郑纪孙女，即郑主敬的女儿。怎奈天心难测，仅一年有余，郑家小姐就香销玉殒了。

不久，又有媒人给林龙江介绍了莆田县令陈杰的孙女，该女“幽闲静一，淑惠天然”，婚后与林龙江耳鬓厮磨，比翼双飞，竟成一对佳偶。

嘉靖十九年（1540年），田汝成为福建提学副使，督学闽中。一次，他见林龙江学识渊博，文采斐然，便拔置首等。他有

意栽培林龙江，特命其作《拟戾太子自辩书》《拟秦太子扶苏自辩书》，考察其才华。林龙江得题之后，凝神构思，匠心独运，别出心裁，写成佳作。其中，《拟秦太子扶苏自辩书》最有特色，广为人知：

臣扶苏冒死罪上言，陛下威德甚盛，诛暴乱，起诸侯，兼六国，宇县之中，罔不宾从，黔首喁喁向化，万世孙子循业乐成，虽古尧舜不过也。臣不能上承圣意，触天威，是丹朱不肖尧，商均不肖舜也。

昔先王道德治功，载之诗书，后世循之则治，悖之则乱。儒生诵法孔子，陛下所当日夜共稽古论治，今皆重法绳之，坑之咸阳。臣前恐天下不安，故上言极谏。陛下不察，遂谓臣诽谤。

臣闻之，君有争臣，父有争子，故能长治宇内，垂誉无穷也。臣窃观六国之君不长久其国者，灭先王之道，摈天下之贤也。今始并兼诸侯，海宇未定，陛下不以此时法古，振黔首之急，而务循六国之迹，此臣不敢不争也。且诗书之道辍，而异端之术昌于世矣！诵古之徒摈，而毁圣之朋列于朝矣！惟明主能塞早乱之道，循古先之法，故治昌而名美也。卢生等诛死，群臣莫谏。臣少布款款之诚，谓陛下亲幸臣，可得无罪。不虞陛下责臣之深也。

夫圣主不讳恶以纳谏，臣子不避死以进忠。臣前上谏陛下，干铁铁之诛。陛下不死罪臣，令出监蒙恬军上郡。臣且喜，幸无他刑，何敢怨望？今反当臣重法，因数臣罪恶臣。伏以诟莫大于不孝，罪莫烈于死刑。顾臣实无罪，卒蒙诟名，而戮死于非刑，非臣所甘心焉！故敢以书闻。

自从林龙江的文章获得田汝成品题后，林龙江名声大振，甚至有识者断言称："只要林龙江去参加科考，弄个功名回来，必如探囊取物，唾手可得。"林龙江闻言，也暗自欢喜。

林子全集

第二章

弃名学道 始言三教

被众人一致看好的林龙江在省试中意外落榜。他在自省的过程中，决心要参学悟道。他在来往江西途中幸遇明师，豁然开朗，提出三教合一学说。

还未等金榜题名，林龙江遂于嘉靖二十二年（1543年）遇到了人生两重喜事，一是长子林纶（后改名锡命，字方治）诞生，他后继有人了；二是生平第一本书——《林生文略》付梓。

说起这《林生文略》，那就不得不说章檗这个人。章檗，字贞叔，号三洲，浙江鄞县人。他嗜古博学，留心经济，处家族皆有恩谊。嘉靖十四年（1535年）进士，因太过刚直，由御史被贬为兴化府推官，遂在莆田城内保福铺鼓楼里安家。当他刚到兴化府时，听闻林龙江才名，便十分在意。有一天，泉州知府俞咨伯问他："莆阳素为文献名邦，是邹鲁之乡，人才甚盛，而今你有发现人才吗？"章檗好像有备而来，直接取出林龙江的文章，请俞知府品鉴。俞知府看罢林龙江的文章，竟被他精彩的文笔所折服。至此，林龙江文名大振，传遍闽中。

由于林龙江成名是章檗力推的结果，因此人们想看林龙江的文章，经常会向章檗索取。初时，章檗还有求必应，但时间久了，求取的人多了，他渐感抄录不便，供不应求。于是，他征得林龙江的同意后，亲自动手，将林龙江往日精彩的作品分"经义""表""传""赋""书"等目，汇集成册，美其名曰：《林生文略》。编好后，章檗还特意为这本小册子写序，极力称赞林龙江的文学才能，其序曰：

> 夫文多杂体，士寡通才，是以拘方之徒，偏智独任；振俗之彦，通物自娱。吾门人林兆恩席上抱璞，帷下搜奇，操觚弄翰，耻蹈俗流；兴辞托意，便尔凌众。虽未可与秦汉争衡，而攀龙附骥，亦自致于属车者。故明经则测圣人之微，论史则多秀拔之语，敷表则缀骈丽

之句，赋综六义，弘藻温雅，上溯骚汉，颇究天人，传效马迁，叙事不秽，多托诡语，杂以故实，及观二太子书，属辞高古，陈情质直，至于原父子之恩，伤骨肉之离，借使汉新官上任览此，巫蛊之祸随寝，而江充之徒戮没矣！

夫江淹效古选，蜚声于文林；韩愈拟汉语，驰誉于艺苑。盖其思高千古，才兼昔贤，故能应变不匮，出奇无穷。尔兆恩益充厥学，大臻其美，彬彬之盛，奚惭往哲？先岁，文宗豫阳田公校文之暇，辄以古体极士所长，二太子书实为所赞赏。泉守蒲山俞公亦尝问余曰："莆中多才，有得人焉尔乎？"余出兆恩所制。阅之，称叹不已。夫孙阳一顾，騄骥价增倍万；楚荆见收，奇璞宝重连城。是以人多悦慕，索览于余。余病誊写之难，乃令付梓人缀之以□。

赐进士第福建兴化府推官前山西

道监察御史四明三洲章檗书

科举不第

翌年，林龙江的父亲林万仞生病，他自感大命将休，遂对家人说："看我这病体，应该离死不远了，便纵繁荣富贵在我眼前，也都是浮云粪土，不值得眷恋。因此，你们可以把家里存有的千金债券还给债务人，不要他们偿还了。"没过几天，他就撒手人寰。后来，林龙江及其兄弟遵照其父遗命，招来那些欠债的人，将千金债券全部送还，当面作废，令现场的债务人感激涕零，无不千恩万谢而去。周围群众听到这个消息后，赞誉者有之，揣议者亦不少。揣议者说：“林公这么积德，大概是为了林龙江那小子吧！毕竟考期又近了，做做功德，或许能让他早日高中也未可知。”

林龙江在葬父之后，便猛下功夫，埋头苦读。其间，他暗下决心，务必拿下丙午省试。

嘉靖二十五年（1546年）八月，林龙江如期到福州参加省试。不料，放榜时一看，举人90名，排在榜首的人物是闽县洪世迁，第二名则是兴化府陈南星，第八名为兴化府陈言。前十名内，没有林龙江的名字。再看后面80个上榜者，有20个兴化人，但无林龙江的名字。看到这，林龙江心如刀割，五脏俱焚，颓废而归。

访师学道

林龙江一到家就闭门不出，专心审视自己这许多年来的求学历程，最后得出一个结论，即使考取功名了，至多也就封妻荫子，一时富贵而已。像他父亲，一辈子没有功名，因父荫而取得太学生名分，但不为官，做个土财主，日子还不照样过得红火？当然，富与贵，终不长久；功与名，亦归尘土。这时，他突然对不生不灭的道产生浓厚的兴趣，遂暗下决心，要参学悟道，做个逍遥自在的人。

事实上，林龙江不但那样想了，而且确实那样做了。起初，林家人以为他那只是一时气有不平，这才有所改变，便尊重他的选择，不加干涉，听之任之。渐渐地，林家人发现他研道的精神劲头越来越大，瘾越来越重，人越来越怪，似乎有些走火入魔。凡是有人说某某人有道行，他就会千方百计地去拜访求教，即使千金相赠，也在所不惜。于是骗子纷纷奔来，寻开心者也变着花样戏耍他。到最后，整个莆田城内的人都知道他在痴心学道，都说他是想中举想疯了，这才误入歧途，癫狂成性。对此，林家人十分伤心，也曾百般劝阻，万种开导，但他一意孤行，甚至以死相逼。见他这样，林家人也不敢逼得太急，说得太多，遂尊重他的选择，不再横加干涉与指责。

庆幸的是，林龙江有些文化底子，虽然求贤若渴，唯道是尊，但其心中仍有定见，尚不至于被一些江湖骗子牵着鼻子走。不过，毕竟他是儒生出身，便想学得儒学至道，也希望能像心学大师王阳明那样龙场悟道，内圣外王，风行天下。可惜，当他与儒者学道时，“徒见其详于手容足容之间，掊析支离之陋，恐孔门授受之指似不如此也，乃复弃去儒者之学”。再向道、释之流求教，“徒见其溺于枯坐顽空之习，搬精闭气之术，又恐释迦老子之道似不如此也”。至此，他顿感孤独，无所适从。想向人学道，可是明师难遇，正道难逢，忧愁愤懑集于一身，好像穷人流离失所，贫无立锥之地，其心之凄苦，实难拟喻。

古人云：“学道者如牛毛，成道者如麟角。”这是因为道不可言，言者非道，所以自古及今，好道者不啻千亿，而有成者就异常罕见了。林龙江因科举不利，遂锐志于心身性命之学，也曾遍叩三门，甚至“邂逅儒服玄装，虽甚庸流，亦长跪请教”，不

可谓不勤也，但像他这样盲目地苦心求索，结果所得有限，徒增笑耳。

当然，有志者，事竟成。到了嘉靖二十七年（1548年），林龙江的叔父林万潮（字养晦，号石楼，又号石门山人）病死于江西赣州任所，恰好开启了他的学道之门。当时，林龙江痴迷于道，正好是个闲人，林家人便派他到江西处理后事。江西是正一道的福地，其境内龙虎山上的正一观乃是正一道祖庭。相传，张道陵曾携弟子来此建草堂，炼“九天神丹”，初创道教，成为中国道教的鼻祖。第四代天师张盛自蜀回龙虎山祖师正一元坛，遵父命“永宣祖教，以传于世”，立祠祀祖，以后历代天师都在这里开坛授录，影响巨大。正所谓“近水楼台先得月”，这正一道就在江西境内，因此赣州乡间多有好道之徒，奇人异士辈出。当林龙江到达赣州后，处理其叔父的后事固然重要，问道于人自然也少不了。

林龙江的堂弟林兆珂曾说：“先生尝为兆珂言，适江右为叔父赣州公万潮舁广州时，路遇异人，授以正诀。所云幸遇明师者，其指此与。”这位明师到底姓甚名谁，林龙江没说，估计是一位隐士，并无什么显赫的声名，但他有些修为，对道颇有见解。他见林龙江勤于学道，但困于途中，便生怜悯，遂倾囊相授，直指“此心是圣”，而其所言者，竟然不外乎是“四书”“五经”的内容。对此，林龙生感叹说：“由孔孟以来，这些书都被那些诠释解析的书籍所隐晦阻碍了，以至于至今罕有人能明白其中的道理，诚可痛哉！”

毕竟林龙江是儒生出身，对“四书”“五经”那是再熟悉不过了。要说读这些书可以明理，那是毫无问题，但要证道，怕是天方夜谭。然而，以上诸书的文句一经明师点拨，犹如慧日破诸暗，普明照愚蒙，确实别开生面，大异其趣。林龙江闻言，激动得热泪盈眶，拊髀雀跃，好似醍醐灌顶，豁然开朗，得未曾有之酣畅痛快。

林龙江苦寻多年的道意，经过明师轻轻一点，遂使他真切地体会到自己日用而不知，确实愚不可及。当然，明师给林龙江的指点并非只有这些，他同时还告诉林龙江艮背、行庭微旨，言简意赅，直泄道妙。想那林龙江多年学道，上当受骗岂在少数？而今遇到真人，不遮不隐，悉心指导，真是胜缘难求啊。此时此刻，林龙江百感交集，异常激动，恭听默记。后来，林龙江还曾专门写了一本书，叫《心圣直指》，其中“艮背心法”与“行庭心法”的两节内容就是来源于此。

不久，他又融会贯通，深明儒、道、释三教的义理，从而得出道一教三的结论，进而提出了三教合一学说。因为“大道浑沦，未始有名。今既名儒，名道，名释矣，名焉既有，道日以支”。而教之所以产生，完全是因为“孔子之教，未尝曰我儒也，而学孔子者，乃始命之曰儒；黄帝老子之教，未尝曰我道也，而学黄帝老子者，乃始命之曰道；释迦之教，未尝曰我释也，而学释迦者，乃始命之曰释”。在林龙江看来，儒、道、释三教所说的道是一致的，但它们各自的侧重点有些不同，因此林龙江继承融合说法，提倡三教合一学说。

这时，有人可能会有疑问：如果说三教合一是对的，那么，是不是说三教本来就相同呢？对此，还真有人就此问题向林龙江

请教过呢。

有人问林龙江：“三教同欤？”

林龙江回答：“我不知道。”

那人闻言，好像丈二和尚摸不着头脑，遂不甘心地继续问道：“你既然说了三教合一，现在又说不知道，这是什么意思呢？”

林龙江耐心地解释说：“你要知道，所谓‘合一’，并非相同的意思。我常常感叹世人很少有人能认清字义的，既不识字义，又想弄明白古圣人的书，那不是很困难的吗？”

那人听后，大惑不解，连忙追问道：“照你这么说，那‘合一’是什么意思呢？”

于是，林龙江不厌其烦地解答：“所谓‘合一’者，是合而一之的意思，哪是相同的意思呀？如果说合而一之是相同的意思，那直接说是‘一’不就行了，何必要加个‘合’字呢？难道不显得累赘吗？因此说合而一之，其实是合儒、道、释三教之流，而一之以孔子之儒啊，这才是三教合一的真实含义。”

那人听说三教都要归一于孔子之儒，还是无法理解林龙江的说法，随即恳切地询问道：“既然学孔子就是儒家了，又为什么说要归一于孔子之儒呢？”

林龙江的回答让他大吃一惊：“现今世上所说的儒家，并非孔子所说的儒家啊。”

那人见林龙江越说越玄，只好硬着头皮继续打破砂锅问到底，又问林龙江：“像释教不结婚，也不生孩子，这样的教法难道不是迥异于孔子所说的儒家吗？”

林龙江闻言，反问道：“老子之教，何尝提倡不结婚，不生孩子呢？不过，老子之教之所以会提倡不结婚，不生孩子，完全是从宋太祖赵匡胤那个朝代开始的，这并非老子之教的初衷啊。至于释教有不结婚，不生孩子，但也有结婚生孩子的，他们讲求的主要还是佛即心也。由此可见，释迦之教，并非致力于不结婚，不生孩子。这也是我为什么要合儒、道、释三教之流，而一之于孔子之儒的缘故了。”

友卓晚春

由于林龙江赣州之行所遇甚奇，所得甚妙，以致有洗心伐髓之效，他好似脱胎换骨一般。当他回到莆田后，一改往日作风，再不逢僧就礼，遇道则请，而是逍遥自在，怡然自得，待人和气，说理精辟，令人乐与其交往。林龙江这一外在表现，不仅林家人感受到了，其他莆田人也渐渐觉察到林龙江似乎恢复正常，居然不癫了，只是没有人去找林龙江验证究竟。

莆田醴泉柳营有位叫卓晚春的异人，有“神算”之名，人称“小仙”。一天，他在渚林白云洞闲逛时，发现莆田城内紫气冲天，心知有异，便只身前往城里一探究竟。卓晚春所到之处，并非别家，正是林龙江家。当时林龙江恰好外出静坐修炼，并没有在家，因此，出来接待的是林龙江的母亲李氏。这李氏早就听闻卓晚春本事了得，而今到她家门竟然还说什么瑞气绕屋，定有异事发生，不免有些欣喜，连忙问道：“卓小仙啊，你说的异事会不会是我儿要高中啊？”

卓晚春答言：“这有什么奇异的呢？”

“那是我儿媳妇要生贵儿了？”

“这也没什么奇异的！”

李氏这两个心愿都被卓晚春否定了，自然有些失望，遂没好气地问：“那你说有什么奇异的事情会发生呢？”

卓晚春见李氏生气了，就不再卖关子，而是一本正经地说：“依我看哪，这肯定是有人得道了，于是瑞气腾腾，环绕房屋，直冲霄汉。”

李氏随即追问道：“会不会是我那不争气的二儿子，不肯读书，会得道呢？”

对此，卓晚春不置可否，反问道：“你那二儿子现在何处呢？”

李氏知道卓晚春是异人，今天不请自来，机会难得，一定要将她二儿子林龙江修道的事情问个备细明白。因此，她回答说：“他刚才外出了，你且等一下，我派人去叫回来。”

过了一会儿，林龙江真被李氏派去的人叫了回来。

卓晚春一见到林龙江，不由分说地拉起手来，大笑不止。

林龙江素闻卓晚春大名，每每要找卓晚春请教，结果总是缘悭一面，只能渴想在怀。而今，他主动送上门来，便有意要寻他开心。林龙江想了个主意，微笑地问卓晚春：“听说你是神算，那两个一是多少呢？”

卓晚春闻言，满不在乎地说：“你等等，我就给你算算。”

不料，林龙江等了好久，卓晚春也没说出答案。为了避免尴尬，林龙江紧接着问：“听说你还善于作诗，那我们一起聊聊诗吧！”

谁知，卓晚春作诗的速度也十分缓慢，这不禁让林龙江有些发愣。

这时，卓晚春突然“哼”了一声，说道：“我就是来与你聊诗的吗？”说完这话，他就拂袖而去，留下林龙江愣在当场，一脸尴尬。

事后，林龙江仔细反思了一下，知道自己错了，毕竟卓晚春是得道高人，他既肯来林府，岂是为了与自己计算、聊诗的？有感于此，他坐立不安，只觉得对不住高人。因此，过了几天，他就备下厚礼，叫人去渚林邀请卓晚春来府品茶论道。

卓晚春见林龙江知错能改，遂应邀再赴林府一叙了。

这次，林龙江与卓晚春对酌甚欢，无所不谈。

其间，由于卓晚春自身对道家功夫修炼既深，所悟颇透，遂对林龙江的艮背、行庭心法多有指导，极肯帮扶。然而，每次当林龙江深入询问修真要诀时，卓晚春总是欲言又止，默不作声。因此，卓晚春对林龙江的启蒙也是有限的，难怪莆仙民间盛传“三十年前师度弟，三十年后弟度师”的佳话，这显然是说林龙江后来的成就胜过卓晚春了。因为卓晚春修道素来放荡不羁，所以林龙江与其相处久了，尽日里也纵饮行歌，疯言疯语，如癫若狂，故群众又讥他们为“卓狂林癫”。对此，林龙江不以为意，一仍旧故，同时作诗一首，用于解嘲。其诗曰：

飘飘云外一闲人，释服道鞋又儒巾。

沿街呼我为颠子，颠字原来两个真。

正式收徒

嘉靖三十年（1551年），林龙江已悟道多年，虽然他与卓晚

春过从甚密，有些疯癫，但其道学卓识犹如锥处囊中，锋芒毕露。对此，常年在他周围走动的朋友，无不看在眼内，明在心里。其中，有一个叫黄州的人，住在莆田城内乌衣巷，比林龙江大3岁，素与林龙江交好。平日里，他十分注意观察林龙江的一言一行，知道他是有道之士，遂提着礼物，要拜他为师，希望学习一些道业。林龙江也知道黄州是真心实意想拜师学道的，况且他是一个“全孝”之人，不仅在家孝顺父母，出嗣仍能孝顺嗣母如生母，这样的人肯发愿修道，即便不成，也不会败道的。只是，黄州毕竟比自己年长，收为徒弟怕是不妥。有感于此，林龙江便婉言拒绝了。可是，黄州坚持“学无大小，达者为尊”，坚持请林龙江收其为徒。盛情难却，林龙江便大胆地收下他生平第一个弟子，并立刻毫无保留地将自己所知道的艮背要旨全部传授给黄州。

林龙江画像

有道是：“开始不易，头生最难。”林龙江既然敢收黄州为徒，自然知道不教好黄州，就必定会砸招牌，毁声誉。因此，他郑重地告诉黄州：“余所谓三教合一者，欲以群道、释者流而儒之，以广儒门之教而大之也。然三教合一之旨有二，若谓三教之本始，不待合而一者，非余所谓三教合一之大旨也。余所谓三教合一之大旨者，盖欲合道、释者流而正之以三纲，以明其常道而一之也；合道、释者流而正之以四民，以定其常业而一之也。如此，则天下之人，无有异道也，无有异民也；而天下之人，亦无曰我儒也，亦无曰我道也，亦无曰我释也。此其唐虞三代之盛，而无有乎儒、道、释之异名者，故谓之一，一之而归于正也。”

紧接着，林龙江又说：“余之设科也，有曰立本者，是乃儒教之所以为教也；有曰入门者，是乃道教之所以为教也；有曰极则者，是乃释教之所以为教也。而其教之序也，先立本，次入门，次极则。故不知立本，则人道不修，无以为入门之地；不知入门，则心法不持，无以为极则之先。”林龙江又补充说明：“道家者流，虽曰入门，而不知立本，况于极则者乎？释氏者流，虽曰极则，而不知入门，况于立本者乎？而近世讲学之士，则亦有可言者，固习知儒者之立本，而纲常矣；又窃慕释氏之极则，而虚空矣。而其所谓存心养性以入门者，或者亦未之能知也。故修人道以为入门之地，而明心法以为极则之先。余之所以教人者，如是而已矣。”

黄州闻言，心生欢喜，竟情不自禁地问道：“师父，你这学说简单易懂，又接地气，为什么不早点公开传授呢？”

林龙江苦笑了一下，随即喟然长叹道：“此理虽繁难，但人心不古，尽信奉行者少啊。因此，我在教你艮背心法之余，还要告诉你却病之方。你要记住，大道久湮，圣学难明，如果不用心法余绪，小试一下，使那些贫穷的、患病的，以及药石罔效者，知道此心法的厉害，那他们断然不会相信我这三教合一心性之学的。因此，我是迫不得已，才以却病功夫为导引，使人知道病都能用心法治愈，道自然也可以由心法来造了。切记，这心法之所

以能治人之病，只因人之病皆本于心，心病则身病，心不病则身不病。其次，又在于气，气逆则病，气顺则不病。是故，却病之法的要旨是持其志，无暴其气而已。这是从本原上用功夫，并非在外表上使力。倘若人人能笃信力行，自然能不用药就可以治好病了。”

黄州听师父这么说，顿时心花怒放，乐不可支，因为他女儿恰好有眼疾，几近失明。于是，他立即向师父禀明情况，希望师父能出手相救。林龙江闻言，当即软言安慰他：“这事不难，我既把心法告诉你，你也可将心法转授予她，令其自行疗愈，也可佐证为师所言不谬也。”后来，黄州谨依林龙江师父的训示，特将心法运行的窍门告诉他女儿。

那时，莆田有个告老乡居的都宪叫刘勋，他也患有眼疾，非常痛苦。他素与黄州友善，请求黄州引荐，也愿拜林龙江为师，冀望治好自己的眼疾。黄州听罢，也极同情刘勋的遭遇，遂谋划说：“我师父这道法历来是不轻易传授给人的，如果你贸然地求他，恐怕他未必愿意。要不这样吧，等我找到合适的机会再相机行事。刘勋听黄州说得有理，便安心了。

过了几天，黄州兴奋地告诉刘勋说：“我师父经常要去南山静坐修炼，恰好要经过你家。你先写个名帖表达拜访之意，到时经过你家门口时，你再邀请他到你家坐坐，这事情就算办成了。”

刘勋闻言，也极赞同黄州的办法，并感慨地说：“唉！尊师经常从我门口经过，我竟未能与他搭一言，真是有眼不识金镶玉啊。”

不久，林龙江又要去南山坐道，而刘勋已在门前等候多时了。他一见到林龙江，便笑脸相迎，力请进屋奉茶。待林龙江进入刘府坐定后，他便诚恳地表明心迹，迫切希望林龙江能大发慈悲，帮他治好眼疾。

林龙江见刘勋贵为都宪，却能礼贤下士，并且表里如一，知道他确实诚心，就毫无保留地将心法传授给他，并教他自行治疗的特别方法。

刘勋一得到林龙江所传授的心法后，立马运功，很快感觉到治疗效果。于是，他感叹说："神哉斯法，竟然如此管用。"

此后，刘勋拜林龙江为师，执弟子礼。如此一来，林龙江的声名大振，风闻事迹者，无不争先恐后地皈投在他门下，如黄大本、萧应麟、黄岊、林兆居、郑泳、黄阳、黄辉阳等相继拜师受业。

龍華三會普
天人大

第三章

焚衣明志 靖倭寇乱

林龙江为了表明专心学道的决心，甚至在督学府门前焚烧儒生衣巾。在倭寇数次进犯兴化城的过程中，林龙江既积极协助守城，又大力组织埋尸善后，赈民救灾。

林龙江正式收徒之后，其道学声名日盛，从学者众。然而，由于他名标学籍，才华甚高，一些虚应故事还是要参加，真是不堪其扰。嘉靖三十一年（1552年），林龙江请求除去学籍，以便专心修道。不料，时任督学朱镇山爱惜林龙江的才名，竟不批准。对此，林龙江心中甚是不平，遂在督学府门前焚烧儒生衣巾，野服而归。

朱镇山听说林龙江行事如此乖戾，气焰这等嚣张，敢在督学府门前焚衣明志，这不摆明着向他公开示威吗？他怒不可遏，当即扬言要缉拿林龙江，问个大不敬之罪。其时，兴化府郡守董士衡恰好在侧，他素知林龙江的品行道德，出于爱惜保护，连忙向朱镇山说情解释道：“林龙江这个人是真为道不为名。当然，他焚衣确实不对，但请大人海涵，行个方便，宽宥则个。我回去定当严厉批评，令其安分守己，服从王化，不得生事。”朱镇山闻言，气也就消了，没再继续追问林龙江焚衣之罪。

第二年，朱镇山还是命莆田邑博王武阳召唤林龙江作文以待检查。然而，林龙江态度坚决地说：“我林兆恩不会作文。即使会做文章，也不过是雕虫小技罢了。前些年，我还有做文章的癖好，而今稍有所悟，此心一念重内轻外之诚，只愿为天地间一不识字的村夫便足矣。如果外重而内轻，虽然文章如秦汉散文般高古，似六朝骈文般美丽，但退无益于身心，进无裨于天下，那又有什么用呢？《传》有云：‘身隐矣，焉用文之？’因此，请尊驾帮我转告朱文宗，请纵我山林野鹿之性吧。如果朱文宗还有话要对我说，那时我应该在武夷之曲、天台之墟了。”

王武阳见林龙江说得如此果决，心知不能勉强，他只好软

巢父是古代隐士，相传因巢居树上而得名。尧让以君位，他不受。尧又将君位让许由，巢父教许由隐居。

磨硬泡地说："不管怎样说，督学有命，你还是顺从为妙，免得惹来麻烦。"

林龙江一脸严肃地答道："昔日在学校，自然惟督学之命是从。而今我归隐山林，就不是督学可以管得着的地方吧。如果朱督学一定要见我，那只好请他发个公文了。"

话已至此，王武阳知道再说无益，遂不悦而去。

后来，朱镇山听说林龙江如此倔强，又陡生怒火，立即写道公文，要林龙江火速到省里听命。而林龙江收到福建督学府的公文后，自然不敢怠慢，连忙动身到省里应答。

不过，林龙江到了督学府，还是力请朱镇山削去自己的学籍。他说："尧舜在上，下有巢由。我林兆恩确实无意于仕途，还请督学成全我吧。"

朱镇山强硬地回他一句："我叫你做不得巢父、许由。"

林龙江听后，微微一笑，说道：“周公、召公，我是做不得，但巢父、许由为何做不得呢？毕竟周公、召公之权有待王命，自然做不得；但巢父、许由的行为全凭自己，谁能拦得住？”

如此辩论了很长时间，双方互不相让，谁也说服不了对方。这时，朱镇山重提林龙江去年在府前焚衣旧事，要他重服衣巾，为诸生讲学，否则便治他有违圣制之罪。林龙江闻言，知道人在矮檐下，不得不低头。如果此刻还要强抗到底，最终输的肯定是自己。于是，他一改往日耿直脾气，顺从地说：“我林兆恩虽然归隐六年之久，但蒙宗师抬爱，还让我名标学籍，置于诸生之中。如此说来，我往日纵情于山林，是以诸生身份隐于山林的。今日承蒙宗师不弃，仍然让我恢复儒生衣巾，而不责我举业，这是以隐士的身份隐于学校啊。”

朱镇山听了林龙江这番强词夺理的妙论，什么“以诸生之隐，隐于山林；以山林之隐，隐于学校”，无非是说他不想作文考试，只想做个隐士。不过，林龙江脑袋机灵，辩才无碍，既然他确实无心科举，强迫也没用，干脆成全他，既不叫他作文，也不治他焚衣之罪了。因此，林龙江焚衣明志的事情就此了结。后来，朱镇山看过林龙江所写的书，甚是喜欢，赞为卓识。及至林龙江要去江西讲学，朱镇山还想照顾林龙江，用邮符导他出行。不过，林龙江认为不妥，坚决辞却，此乃后话。当林龙江的门下弟子听说师父顺利解决了焚衣事件，既没被治罪，也依然名在学籍，无不欢呼雀跃，引为胜利。

谨慎择徒

同年八月，罗洪先致书林龙江问道，林龙江答云："奉别于今六年矣。拜领翰教者再，即见公也。去岁，闻公又有方外之游，岂传之者非真邪？兆恩前年亦曾在儒门中，以学儒者之道而不得其要也。又曾在玄门中，以学道家之道而不得其宗也。今皆弃去之，而幸闻三教合一之旨，其于孔子之一贯，老子之得一，释迦之皈一，颇能通其理而会其机矣。世之所谓三教之异者，三教之支派也。兆恩之所谓三教之同者，三教之原委也。但前日之所学者，今从而非之。而今日之所学者，又安知他日亦以为是邪？兆恩之所以惴惴焉，而不敢自信者，以昔日汨没于邪径，几误此一生也。今敢不虚心志己而至于自以为是也。道无终穷，而学又安有止法耶？伏惟留意，相期此天地间作第一等人物也，幸甚。"

由于罗洪先的身份特殊，既是状元，又是阳明心学的重要学者，因此他能皈信林龙江，并向林龙江问道求学，也反映了林龙江的影响之大。然而，莆田城内有个告老还乡的郑姓官员，见林龙江所提倡的学说不错，心法更是玄妙高超，便有心求学，屡叩林门，但林龙江总是避而不见，不肯收其为弟子。此人自尊心受损，心有不甘，遂作《莆阳舆议》来讥嘲林龙江，说他欺世盗名，是假道学云云。林龙江闻讯，毫不辩解，一笑了之。不过，他心知自己的学说还未让人深信，故对求教者，仍然十分小心选择，务必稽其素行无亏，日常有业，又须绍介往返数次，这才敢收入门下，授以心法。

嘉靖三十二年（1553年）秋，林龙江与闽中数十位儒生坐而论道，他除了谈心性之外，就讲三教之同、俗学之病、天地圣人合一这些内容。“言释，则曰坐禅之非也；言道，则曰运气之敝也；言儒，则曰支离之陋也。与子言以孝，与弟言以悌，与臣言以忠。”又令诸生背诵《论语》之《入孝》《九思》，《孟子》之《牛山》《我所欲》等章，或登高畅情，或歌咏养志，和睦融洽，毫不矫情。泉南弟子黄大本将这些内容收集成册，号《林子篇》。那位郑姓乡官看到此书后，哑口无言，从此不敢随意诽谤，自取其辱了。

这段时期，兴化知府董士衡全面了解了林龙江的学说后，竟以在职官员身份率先折节拜师。嗣后，兴化郡丞文公、郡倅来日新也相继拜访林龙江学道。远方的官员也陆续致书求教，以至于蔚然成风。如汀州知府陈华山就是一位没与林龙江谋面，却能殷勤致书问道的典型人物。

抗倭立功

林龙江提倡三教合一学说，认为：“夫道也者，文之而足以定太平，武之而足以戡禍乱。故为道者，不曰庙廊之上，皆可为也；是虽三军之中，亦皆可为也。若三军之中之不可以为道，则黄帝涿鹿，舜禹三苗，汤武放伐，周公东征，孔子夹谷，是皆不可以为道欤？故辟世非道，离人非学，而二氏者流，不可不知也。”意思是，凡是学道之徒，辟世非道，离人非学。有道之士，文足以定太平，武足以戡祸乱。故倭寇侵扰莆田时，林龙江亲率弟子，毁家纾难，积功无数，令人感念不已。

嘉靖三十四年（1555年）十二月，倭寇大举进攻兴化城，时值严冬，又多夜雨，守城士兵苦不堪言。为此，林龙江不顾丧母之痛，经常叫人拿着酒食、粥饭、钱米等犒劳守城将士。作为捐献护城的急先锋，他鼓励城内乡绅联合起来，一起支援抗倭，保家卫国。由于这次来寇不多，兴化城得以安然无恙。翌年，倭寇退去，留下死尸没有及时处理，导致疫情暴发，人多病殁，死者相枕于途，惨不忍睹。林龙江素怀慈悲，连忙鬻田造棺布施，收埋许多死者。从这时开始，林龙江每年都会施棺埋骨，沿为成例。

林龙江抗倭图

随后，林龙江著《防倭管见》，建议有钱人随缘出资，用于协助官府抗倭守城，共保家园。其主要思路是："不宜清野，不宜闭城，不宜遏籴，

不宜惜财，各乡须各自练兵，各自防御。或贼至一乡，则号头一吹而旁乡响应。自滨海以至城邑，无不设兵备御。如此则无地非城池，无地非官兵矣！此其大较也。”该书还有许多好的抗倭方案，可惜未被官府采纳。

嘉靖三十七年（1558年），林龙江学说已传播甚远，凡有所闻，多有皈投，蒸蒸云集，门徒不少。可是，莆田士大夫忌刻讥毁，极尽污名化之能事。对此，林龙江泰然自若，不受影响。是年四月，倭寇围攻福清，乘胜侵扰莆田，气势汹汹，不可阻挡。幸好有广兵（即湖广兵、广麻兵）过境莆田，未曾离开。于是，林龙江倡请雇兵杀寇，保卫家园。因为事出紧急，莆田城内缙绅吓得惊慌失措，六神无主，当他们听到林龙江的雇兵妙计后，纷纷表示赞同。而广兵听说退虏能得千金，自然欣然接受，立刻缒下城去，奋勇杀敌。不料，当广兵退倭之后，那些缙绅竟不约而同地躲藏起来，没人愿意践约。迫于无奈，林龙江只好一人捐出百金，用于安慰广兵。然而，广兵拿不到足额的赏金，岂肯善罢甘休？他们要林龙江领路挨家挨户去索谢，但被林龙江断然拒绝了。怒不可遏的广兵便将林龙江绑至校场，百般凌辱拷打，逼林龙江供出众人凑齐赏金。林龙江忍着疼痛，大义凛然地斥责道：“当初与你们说好退倭赏千金，是为了保全兴化。如今，倭寇既退，你们要效仿劫掠，也是祸乱，我宁死也不肯带路。”莆田缙绅听到林龙江的事迹后，无不感动，纷纷捐款，这才凑足赏金，令广兵放人。林龙江回去后，周身肿痛，只能躺在床上安养，但他歌咏如常，并不呻吟。督学胡庭兰闻讯，遂到林府探望，见林龙江神态自若，更加佩服。他说：“这才是真道人啊。没有勘破生死的人，是做不到如此的。”事后，莆田城内群众无不感恩林龙江的大仁大义，制作了“一券全城”匾。福建巡按樊献科闻报，当即制匾赠予林龙江，曰“尚义”。

行善获奖

两年后，倭寇又攻至兴化城外。其时，城外百姓为了躲避倭寇，纷纷拖家带口躲入城中，群聚于寺观，衣食无着，据地而寝。林龙江见状，如疾痛在身，哀叹不已。于是，他不顾诸戚属宗党的讪谤讥毁，分遣门徒遍给钱米。其兄兆金、弟兆居有感于林龙江的慈悲心肠，也暗暗捐钱支助，所活者甚多。

嘉靖四十年（1561年）冬，倭寇再来围攻兴化城。时疫疠并集，死者相枕于道路，棺难遍施。因此，林龙江便作《收尸歌》用于超度亡灵，其词曰：“与汝形骸一气分，数声木铎不堪闻。风幡挥泪缘何事，与汝形骸一气分。”随后，他命黄仕钦、林兆居、吴三乐等70多人值日，并请人将城内外的尸体聚集在一起，分别男女，葬于太平山，共计2020多具。

嘉靖四十一年（1562年）正月，林龙江又出钱邀请北京僧人无闻、漳州僧人静圜、平海僧人净圆等十多人到莆田收尸，火化掩埋约5000具。又请僧人云章等，历时8个月，共收集尸体约1万具。其时，兴化郡守陈瑞龙感念于林龙江的义举，不仅捐金给米进行赞助，还发文表彰其功德。八月，戚继光率部到莆田剿倭，于林墩获得大捷，灭倭2000余人，救出被掳的男女2000余人。嗣后，莆田人商议给戚继光立生祠，林龙江率先响应，捐田30亩，又出面募集资金，共同促成此事。十一月二十九日夜，倭寇攻陷兴化城。时郡守奚世亮、训导卢尧佐皆战死，19名进士、53名举人、358名庠生全部遇害，万余名军民尽遭荼毒，整个兴化城血流漂杵，惨绝人寰。后来，莆仙人将正月初二日定为探亡日，莆田正月初四日（仙游为初五）“做大岁”，据说其风俗就是由此开始的。

嘉靖四十二年（1563年）二月，倭寇既退，留给莆田的是满目疮痍，尸横遍野。对此，林龙江二话不说，立即卖田筹款，命刘献策与僧人法从等18人到处收尸火化，葬于南北河尾二山，约有4000具。三月，他再次卖田筹款，命朱禹、雍文命等9人到崎头收尸火化，还有一部分人在城外收尸，共收800多具，葬于城外山上。

倭难义冢楼（已迁建）

新任兴化知府易道谭，听说莆田城内尸横遍野，竟停车福清，不敢上任。后来，他又听说林龙江把整个兴化府死难的尸骸收拾干净了，这才敢莅莆履职。当易知府抵达莆田，立刻要求莆田县学查勘林龙江行义事实，据实回报。时莆田县学教授刘仕锐受命查勘，用心笔录，最后写下公文称：

勘得原莆田邑儒学生员林兆恩，性资英迈，德器渊宏。早录泮宫，而文誉屡腾于场屋；旋弃举业，而志趣高尚乎山林。讲学授徒，发明心性之旨；黜奢崇礼，挽回淳朴之风。孝友笃于家庭，仁义孚于中外。诵大祖谕民之数语，以匾于堂；刻圣训冬至之祝文，而教乎俗。恤民还券，志实继乎先人；举义建田，德丕沾乎族党。尝贷谷立社仓之规，而不取其息；发粟倡平粜之价，而不逐乎时。乡村穷民之避寇城内者，人施以钱以米，至于再，而至于三；贫穷孤寡之不能自存者，日分以粥以蔬，及于老，而及于幼。惠施棺木，约有一千三百之丧；礼助葬埋，计有三百四十之柩。凡兹十余年之举，费有千余两之金。戊午岁，倭寇迫城，订广兵千金之券，而城池赖以得全；庚申岁，兵荒荐臻，赒学校三十之金，而贫士借以举火。体分守翁公之建议，则募兵百余人；倡总戎戚公之生祠，则捐田三十亩。仍刻像以报功，分与民而共祀。念乡夫守城之苦，而酒食迭赐于中宵；激垛夫瞭望之勤，而铜钱亲颁于外向。爰历辛酉、壬戌之岁，民多兵疫死亡之灾。率门徒黄仕钦等三十余人，收埋全尸者三千余身，积薪火化者二万余数。穴别

男女而葬之以礼，奠设酒肉而慰之以文。迨客岁春，倭寇离莆之时，复入省鬻田，为城中掩骼之举。率门徒姚秉德等二十余人，凡南洋、北洋处所，荒野无宿露之冤；暨崎头、仙游地方，遗骸有安措之感。此其清贞出世，既有凤翔鹄举之标；而操行超群，又存民胞物与之量。前蒙按院樊公、郡守陆公俱行奖励，郡守董公、二守文公、通判来公、推官孙公、大尹贺公咸造其庐。是诚振古之人豪，非直一乡之善士者也。

于是，易知府亲自到林府看望林龙江，并为其颁发了“清修”之匾，以资表彰。

嘉靖四十三年（1564年）春天，林龙江命许梦笔、吴梦龙、僧明珪等10人往仙游邑收尸，约800具。嗣后，林龙江应邀出面荐拔游魂，洒清衢道，从而使“生者不病于疫，死者得安其灵”，其功甚伟。

其间，汪道昆为福建按察副使，备兵福宁时，有人向他诬告林龙江的种种不是。还好汪道昆知道偏听则暗、兼听则明的道理，遂向督学姜宝求证。姜宝说：“林龙江是个好人，有书为证。”于是汪道昆便向姜宝索要林龙江的书，拿回去认真阅读，至深夜还手不释卷，不知疲倦。

第二天，诬告之人又到汪道昆那里。这时，汪道昆说：“林龙江这个人不简单啊，据其书中论议，没有真才实学，想必是达不到那种境界的。我读过他的作品后，便已经心生羡慕，愿为其执鞭。”

那人听了汪道昆的话后，只好悻悻而退了。

后来，耿定向督学南京时，听闻林龙江的感人事迹，曾以山林隐逸向朝廷上疏举荐他。可惜，这事不了了之。不过，这件事说明耿定向对林龙江的为人及其学说还是比较认同的，后来耿定向与“闽中二异端”之一的李贽决裂，并进行长达12年（1584—1596）之久的论战，其战火由两人间的争论演变为两县（黄安、麻城），以至两京（北京、南京），甚至全国的心学论战，最终成为一段学界公案。这从侧面反映出林龙江所创立学说的魅力所在——比较柔和，能被士大夫接受。

第四章

不辩非议 著作外流

林龙江的慈善义举受到一些亲友和士大夫的毁谤，但他并未针锋相对，为自己辩解，而是坚持默默行善。倭寇占领兴化城后，将林龙江的著作运回日本，影响了后世日本儒学。

林龙江在抗倭时期的杰出表现，也招来一些人的非议。有些人借机生事，造谣诽谤，说他鬻田造棺，贮积家中，遇有贫民则予之，薄收其值是谋利行为，大发倭难财；也有人说他携酒粥、钱米犒劳守城将士，以为有力者倡，是市恩贾义、沽名钓誉之徒。对此，林龙江置若罔闻。

一日，有个自以为是的士大夫见到林龙江，自鸣得意地告诉林龙江说：“人们都以为你是好利之徒，我则以为你并非好利，而是特别好名罢了。”

林龙江闻言，郑重地回答：“三代以上，唯恐人好名；三代以下，唯恐人不好名。就算是在三代以上，若使桀纣能好尧舜之名，那他们必定不会为桀纣；使飞廉、恶来能好皋夔之名，则他们必不为飞廉、恶来。因此，好名有什么不好呢？”

那人听后，一时哑口无言，恼羞成怒地说：“牙尖嘴利之人，最让人讨厌了。”

林龙江笑着说：“正因为你讨厌我，这才让我更加有名声。当年朱熹的名声还没显著的时候，就是因为韩侂胄的嫉恨，这才成就了他的名声。因此，我要说：‘黄裳一人之对，更不如韩侂胄事魔驾诞之论，益足以见朱子之贤。’”

那人理屈词穷，难以辩驳，遂如斗败公鸡一般，怅然而去。

其实，并非只有一些士大夫对林龙江有意见，就算是他的亲戚朋友也不能完全理解林龙江的行为。特别是随着林龙江的声名渐起，加之他“不务正业”，像个散财童子一般，经常搬出家财去抗倭济民，以至于一些亲属非但不率其化，反而恶言相向，讪毁丛生。每当此时，林龙江总是虚心善处，委曲求全，不肯与他们针锋相对，理论辩白。

对此，何心隐来到莆田后，知道内情，便安慰林龙江说：“舜之父母及弟象，语其心则足以杀舜，然舜之有天下也，实惟其父母及弟象之功。若父亦顽，母不嚚，象不傲，则舜之玄德，四岳安得而举之？帝尧安得而闻之？”又说：“舜不幸遭人伦之变，其亦《诗》之所谓‘他山之石’，《孟子》之所谓‘拂乱其所为者’欤？”这些确实是知心之言、正大之论啊。随后，他又感叹说：“昔儒道释三大教门，孔子老子释迦已做了。今只有三教合一乃第一等事业，第一大教门也，兹又属之先生。我即不能为三教弟子，愿为三教执鞭焉。”后来，林龙江将何心隐的这些言论收录到《三

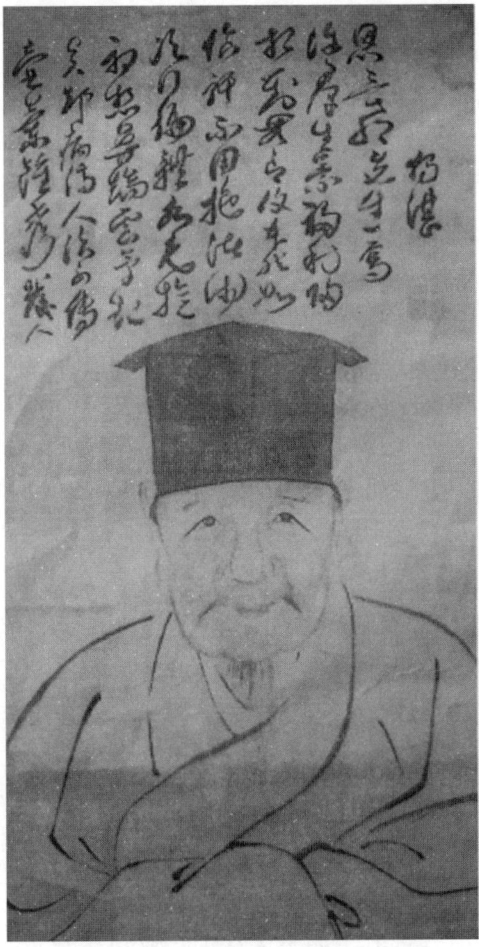

林龙江画像（清初独湛性莹作）

教会编》中，足见惺惺相惜之意了。

嘉靖四十一年（1562年）六月，林龙江在东山天心楼避暑，并著《三教历代会篇》（后更名为《三教会编》），命林鸣阳、黄阳、林兆诰等人校摘。同年十一月底，倭寇攻陷兴化府。那时，林龙江匆匆外逃避难，竟忘了带走《三教历代会篇》书稿，因此，他在心中默祷："如果我所说的道法当兴，则《三教历代会篇》必定不失。"谁知，残暴不仁的倭寇攻陷兴化府城后，烧杀抢掠，无恶不作，却偏偏留着林府不烧，但有个莆田人竟然因而怀恨在心，将林府一把火烧得一干二净。林龙江闻讯，心中异常失落。后来，林兆诰竟拿出一份副本。原来林兆诰在参与校摘时，曾偷偷抄下一本收藏。及至兴化城破，他特意将这本书绑在左手腋下，以右手搀扶着他母亲逃出兴化城。当林龙江见到这本书时，喜极而泣，知道自己的道法当兴，便于翌年二月卖田筹款付梓。此后，这本书也给他提供了精神力量，在面对外界非议时保持泰然自若。

据张洪都的《林子行实》记载："倭人久住近郊，稔知莆风俗及其人善恶，又且能莆语，尝谓华人在贼者曰：'吾得入莆城，富者某某，吾当掠其财；恶者某某，吾当杀其人；至于三教先生能施棺施葬，分米分钱，散金散粟，收埋枯骨，我虽倭人，亦愿见中国有此人也。'"意思是倭寇久居莆田郊外，知道莆田的风俗人情，甚至还会讲莆田话。因此，有狡猾的倭贼对入伙的汉奸公开说："如果我们能攻进莆田城，应该最先抢谁家财富，杀哪个恶人，但对那个能施棺施葬、分米分钱、散金散粟、收埋枯骨的大善人三教先生，即使我是日本人，也希望看到中国有这样的人物存在。”其敬重林龙江之心，不言而喻。

因此，在嘉靖四十一年十一月二十九日晚，倭寇攻陷兴化府城后，便有倭人寻问三教先生住处，想拜访参学。又有倭人造访林府，但当时林龙江已逃出城外，该倭人断剑示众说：“如果有人敢烧三教先生的房子，有如此剑！”还有倭人特意在林府门前竖起旌旗，晓谕大众说：“这是三教先生的房子，有敢烧毁的，杀无赦！”另有倭人说：“有能抓到三教先生者，赏金百两。”这时，有人告诉他说：“林龙江已经被你们的人放出城去了。”于是，他便要求俘虏带其参拜林龙江图像，以示渴仰之意。也有倭人到林府访林龙江不遇，遂起贼心，将林府内的重要藏书洗劫一空，其中就包括林龙江用于“卜斯道之兴替”的名篇——《三教会编》。

事实上，倭寇崇敬林龙江，是要将林龙江生平所著书籍搜刮殆尽，运回日本，嘉惠日本学界，从而开启了日本风格儒学的新天地，其标志性人物就是滕原惺窝。

滕原惺窝（1561—1619），名肃，字敛夫，号惺窝，又号柴立子，生于播摩国（今兵库县）三木郡细川庄。幼年出家，有神童之誉，曾到京都，入相国寺，自号宗舜。18岁时，为报父仇而返俗。后来向其叔父学习儒学，涉猎甚广。其时，林龙江的著作已被倭寇劫掠到日本，这种新鲜学说传播很快，

而惺窝恰好脱佛学儒，与林龙江所倡导的三教合一、归儒宗孔思想相当吻合，自然要认真参学了。相传，惺窝为了研究正宗的儒学，曾想到中国实地学习，并已付诸行动，乘船出海了，只是天公不作美，突然狂风大作，船被吹到袴摩（今九州鹿儿岛），他遂中止到中国求学的行动。在袴摩期间，惺窝走访了正龙寺，发现南浦点的《四书新注》，大喜过望，便皈投袴南学派桂庵玄树门人南浦文门下，研究儒学。学成后，他回到京都，专心研究朱熹所注的“四书”，从而开创了京都朱子学派，成为日本近世独立儒学的创始人。

由于惺窝治学严谨，名声很大。万历十八年（1590年），惺窝奉丰臣秀吉之命，与朝鲜国使会谈。3年后，德川家康召见惺窝，并要他讲述《大学》《贞观政要》等书籍。在讲学过程中，德川家康非常欣赏惺窝的学识，便想用二千石的俸禄留住惺窝，让他为德川幕府服务，但被惺窝婉言拒绝了。其实，在惺窝的《大学要略》中，有许多林龙江著述的文辞和思想话语，其见识也没能超越林龙江三教合一学说的范畴，真可谓林龙江的门下信徒。不过，因为倭寇劫掠走林龙江的书籍都是早期著作，又因中国与日本相距甚远，交通不便，交流不畅，所以惺窝无法全面领会林龙江所创立学说的精妙之处。

就惺窝的学术观点来看，他崇尚儒学，研究朱子，其基本态度与林龙江如出一辙，也是持调和折中的见解，汇合诸家之长。对于程朱理学与陆王心学，他说：“周子之主静，程子之持敬，朱子之穷理，象山之易简，白沙之易圆，阳明之良知，其言似异，而入处不别。”为什么这么讲呢？他解释道：“紫阳质笃实而好邃密，后学不免有支离之弊，金溪质高明而好简易，后学不免有怪诞之弊，是为异者也。人见其异，不见其同。同者，何哉？同是尧舜，同非果封，同尊孔孟，同排释老，同天理为公，同人欲为私。”由是可知，其调和态度十分明确与坚定。而对于儒学与神道思想，他则说：“日本之神道亦以正我心，怜万民，施慈悲为奥秘，尧舜之道亦以此为奥秘也。唐土曰儒道，日本曰神道，名变而心一也。”惺窝所持的这种神道思想，由其门下弟子林罗山传到山崎问斋，进而影响了整个日本的神道思想。

第五章

纲常入衣 再论井田

为了提醒门下弟子莫忘初心，林龙江将纲常理念融入日常衣物，亲制“三纲五常衣”。他希望借助朝廷的力量推行自己的学说，同时又不断加以完善。

林龙江一生以倡道为务，坚持三教合一学说，将道释归儒，儒归孔子，由此可见他对孔子学说的推崇和信仰了。他之所以要将三教归儒宗孔，据他自己坦言：“余之所谓三教合一者，譬之植桃、李、梅于其庭，庭且隘，而木又拱，不得已，乃择其种之美者，而存其一。若仲尼之仁，乃种之美者也。余故曰：道归于儒也，释归于儒也。”既然孔子学说如此之美，难怪林龙江生平开教传道的一切形式也基本沿用孔子的布道方法。

嘉靖四十年（1561年）二月，林龙江的门下弟子黄尌病故。黄尌是林龙江的朋友，后随黄州、黄大本、萧应麟等人最早拜林龙江为师，执弟子礼以求教。他曾经问林龙江说：“制科为什么一定要用朱熹的注释来选取人才呢？”林龙江答言：“虽然朱熹所注释的内容并没有尽得圣人书中大要，但他用浅白易懂的语言教人有道可循，也是属于孔子所谓的‘可使由之道’，因此用之，并无大碍。”可惜，天不假年，黄尌英年早逝，成为林龙江门下第一位归天的门人，如何悼念黄尌，则考验着林龙江及其门下弟子。

毋庸置疑，林龙江在收弟子时，学孔子的“自行束修以上，吾未尝无诲焉”，于是他也毫不迟疑地坚持“执贽以见”这一礼仪。那么，孔子是如何对待先他而去的弟子的丧礼呢？据子贡说：“昔夫子丧颜回，若丧子而无服。丧子路亦然。”如此说来，就是无服了。所谓无服，在古代丧制中，除五服之外，无服丧关系即“无服”。当然，无服仅是字面上的意思，因为孔子对待颜回之死，虽然无服，但仍表现出丧子之痛，故有“心丧”之礼。师徒如父子，大概就是由此而起吧。有鉴于此，林龙江命黄

所谓五服者，就是在本宗九族亲属内，按服丧期限及丧服粗细的不同，分为斩缞、齐缞、大功、小功、缌麻等五种服丧衣服。

州、萧应麟等门下弟子为黄𫌀服3个月心丧，以示悼念。至于他自己“反服亦如之”。后来，黄辉阳等人又先于他离世，林龙江仍命门下弟子行此3个月心丧之礼。

凝炼本体

嘉靖四十四年（1565年），林龙江著《本体教》《夏语》《倡道大旨》《原宗图说》等集。其中，在《夏语》即将完稿之际，林龙江于静坐之中，恍惚见到签上标有“夏语”二字，那时他还没想定书名，遂以此命名了。后来，林龙江将其学说的本体凝炼为一个字，那便是“夏”，故其教亦以“夏”而名世。林龙江对于他所说的“本体”的解释是这样的：“我之本体，其太虚而太空者乎？惟其太虚而太空也，故能运虚空。我之本体，其先天而先地者乎？惟其先天而先地也，故能生天地。我之本体，其夏而大者乎？惟其夏而

大也，故能儒而圣也，无圣而无不圣；道而玄也，无玄而无不玄；释而禅也，无禅而无不禅。”

有人问：“何以谓之夏，而又曰大也？”

林龙江说：“我之夏，则有所谓真去处者在焉，先天而先地也，太虚而太空也，故儒得此而圣也，道得此而玄也，释得此而禅也，故曰夏者，大也。”

三教徽标

有人问：“孔老释迦，岂不知我之夏之有所谓真去处者在欤？”

林龙江说：“从古以来，孰有大于孔老释迦哉？但三氏者流，不知我之夏之有所谓真去处也。而其揣度逆亿，实悖于孔老释迦之道，而各自以其邪师之所相授受，而谓孔老释迦之道，不过如是也。标门自尊，互相同异，此孔老释迦之道之大，不明于天下万世也。噫！”（摘自《林子三教正宗统论·本体》）

嘉靖四十五年（1566年），林龙江制巾，名“三纲巾”；制履，名“五常履”；衣则前三幅，后五幅，名“三纲五常衣”。由此可见，林龙江是想将三纲五常的理念融入日常的衣冠之中，令其门下弟子时刻记住，重纲常是林龙江所教的根本。因为林龙江坚定地认为：“唐虞三代以上，道释之教未兴也，故太和元气得以流行于宇宙间。而汉、唐、宋以来，道释昌炽，内有怨女，

“三纲”指君臣、父子、夫妇。“五常”指“仁、义、礼、智、信”。

外有旷夫，偏阴偏阳，乖气致异，此治之所以不唐虞三代也。如无志于唐虞三代之治则已，如有志于唐虞三代之治，若不群道释者流，而三纲之，五常之，士之，农之，工之，商之，其何以复还太和元气于宇宙间耶？”然而，这个任务太过繁重了，一时半会儿是完不成的。因此，林龙江怕他门下弟子会忘了初心，遂用日常衣服来时刻提醒大家既入夏门，莫忘初心。

上宰相书

林龙江到知天命之年，亲自创制了三纲五常衣，其开宗立派的观点隐然存焉。在此期间，徐阶已代严嵩为首辅多年，基本上肃清了严嵩时期的弊政，树立起权威。徐阶是心学家聂豹的弟子，极重阳明心学，偏爱讲学。他在督学江西时，曾在南昌建“仰止祠”，专祀王阳明，“大发师门宗旨，以昌率诸生”。入阁后，他仍能亲自主持讲学，并一再邀请各地来京朝觐官员和朝廷各衙门官吏听讲。嘉靖四十四年（1565年），徐阶手书程子《定性》书中“学者先须识仁”一条，命其长子携至会所。“兵部南离钱公出次朗诵。诸公恳师申说，师亦悉心推演，听者跃然。”正是在这样良好的社会讲学氛围下，林龙江于隆庆元年（1567年）果断地写出了《道释人伦疏稿》，旨在全面阐述自己三教合一的观点。随后，他又作了《拟上宰相书》，希望借朝廷的力量推行自己的学说：

林龙江画像

上天之所以赋畀于我者不细也，故有以其赋畀之不细，而或专心于文词，或以功业，或以节概。而其大者，则固不在此三者，而在于心身性命之学也。兆恩僻处海滨，而为心身性命之学者，二十年于兹矣。始而求于儒者之儒，而有所未明也，复索之于道门之道；既而索于道门之道，而有所未明也，复讨之于释氏之释。于是又通三氏之教，而考其义焉，竟亦茫然无所得于心也。幸而天不丧道，即有所闻于人，而契于心，而所谓三教合一之说，归儒宗孔之旨，非徒谬为空谈，以欺天下万世也。然明德而不知所以亲民，则非《大学》之道也；成己而不知所以成物，则非《中庸》之诚也。墨氏兼爱，是无父也，犹且思以易天下，况兆恩以孝道之大、人伦之常，以明道释无父之非，而不思以易天下万世焉，岂所谓明德亲民之道，成己成物之诚哉？昔者仲尼欲以儒教易天下万世也，而栖栖惶惶，席不暇暖。盖以天下万世皆吾分内事，故其一念为儒之切，人且毁之罪之，佞之谄之，削迹伐木，微服绝粮，而有所不恤者。今兆恩之于仲尼，相去何如也，而栖栖惶惶，欲以孝道之大、人伦之常，思以易天下万世者，是亦窃效仲尼之心也。

夫人生于天地间，孰有切于孝道之大、人伦之常哉？孝道之大、人伦之常者，布帛菽粟也。天下之人，有可以弃布帛而遗菽粟者乎？夫既不可以弃布帛而遗菽粟，抑岂可以弃孝道之大而遗人伦之常者乎？故敢以孝道之大、人伦之常，以易天下万世道释无父之教，而为圣君贤相告焉。窃惟今之在上，则有好道之君，在下则有好儒之相，夫以好道之君，而能任好儒之相，明良相逢，一德同心，正斯道大明之一机也。况阁下复以定性识仁之旨，敷之教言者详矣，则凡天下有志之士，孰不欢欣鼓舞于仲尼孟轲之儒，而独使道释者流，自外于儒者之道，岂非天地覆帱之大，犹有一物之或遗耶？兆恩曾以上天赋畀之不细，而切于心身性命之学，与夫孝道之大、人伦之常，笔之于书，裒为数集以俟夫后之君子，亦有年矣。今幸而在上既有如是有道之君，在下又

> 有如是有道之相，若以无补空言，徒垂之后世，而不为吾君吾相告焉，则是上负君相，下负所学，而孝道之大、人伦之常，终无以变易道释者流，赍志以死，兆恩窃有遗恨焉，此其所以不敢不告也。至于既已告矣，而其言之或用与否，亦非兆恩之所敢知也。兆恩生平所学，舍孝道人伦之外，无他学也。而以之为吾君吾相告焉，庶三纲之重，得以变易乎道释之流，而敬一之箴，复以大明于朝廷之上，则兆恩之志愿以慰，即死亦当瞑目于地下矣。谨此先禀，仍将《道释人伦疏稿》呈览，伏惟裁教，幸甚！

然而，那时高拱也在阁部，他对宋明理学和阳明心学均持批判态度，驳斥宋儒对《春秋》经义的穿凿附会，批评理学空谈心性，不务实际，认为“宋儒穷理，务强探力索。故不免强所不知以为知，自以为是”，从而提出“天理人情之至也，人情即天理”的观点。他不仅不参加徐阶的讲学，而且痛抑讲学。隆庆三年（1569年），“新郑高文襄起掌吏部，以与华亭有隙，痛抑讲学”。在此情况下，林龙江的《拟上宰相书》自然没有用处，甚至可能都不敢发出去。因为这封信才写没多久，徐阶就被高拱拱下去了。

再论井田

林龙江写好《拟上宰相书》，却不能实现自己的愿望，自然心有憾意。当然，他是修道之人，又能说什么呢？两年后，即隆庆五年（1571年）十月，他在福州寓居，忽然接到门下弟子魏鹤鸣的消息，说“我梦到上天遣使要叫师父（指林龙江）归天，另外派人下凡主持三教事业”，这话犹如晴天霹雳，使他震惊不已。虽然他的三教合一学说已然完善，但还不接地气，有感于此，他连忙开始创作《井田》一文，希望完善自己的学说，不被人贬为“徒托空言而已”。写罢，他说：“余今不知死期之将至，乃复摘辑生平之所论著者，裒为一帙，庶天下万世或有举而行之，余之心也。”

毋须讳言，林龙江之所以要论述井田制，是因为他悟道之后，便打定主意，要致君尧舜，使太和元气重新流行于宇宙间。毕竟唐虞三代以上，道释之教未兴，“人皆三纲，人皆五常，皆士，皆农，皆工，皆商，内焉无怨，外焉无旷”，从而使太和元气得以流行于宇宙间。既然如此，那么唐虞三代能让人皆三纲，皆五常，皆愿意士之、农之、工之、商之的物质基础是什么呢？答案是井田制。须知，民以食为天，食乃地上生。故想解决人类生存问题，就必须解决土地问题。对此，林龙江紧跟着孔子脚步，赞同孔子所说的“百姓足，君孰与不足？百姓不足，君孰与足”的观点，从而肯定了井田制，认为“井田之制，盖不过欲使君民两足而非他也，然亦惟在其人润泽而举行之耳”。这话的意思是，井田制可以使君民两足，社会安定。不过，如何运用井田制呢？林龙江提出“亦惟在其人润泽而举行之耳”。要知道，历史上，有许多人呼吁恢复井田制，但均以失败告终，为什么呢？他们错就错在食古不化，试图逆流而动，来一个原原本本的“恢复”，这显然是行不通的。正所谓今时不同往日，世易时移，变法宜矣。有鉴于此，林龙江肯定了井田制的合理内核，但也提出

了“惟在其人润泽而举行之耳”，即强调推行者的主观能动性和调动参与者的积极性。

林龙江说：“余尝考之《尚书》，稷既教民稼穑矣，乃命契为司徒，敬敷五教；载观《鲁论》，孔子适卫，惟曰庶而富之，富而教之而已；至于孟轲七篇，而井田之说且谆谆焉，岂不以庠序之教从此而设，孝弟之义从此而申也？夫养固先于教矣，而养之之道，莫大于井田。”由此可见，他认为井田制是礼教的物质基础。不过，对于孟子所言“请野九一而助，国中什一使自赋”，林龙江则持不同看法，他说：“余窃以为虽至国中，抑亦可以九一而行助法矣。然不曰国中为然也，甚而至于深谷峻山，亦得以因地度田，计亩均授。而变通宜民之下，概取其中之一区以为公田，刻石作公字号；某区为某夫之公田，刻石作金字号；某区为某夫之私田，刻石作石字号。至于而丝而竹，而匏而土，而革而木，莫不皆然。是皆不执方井之常，而使国中之人，深谷峻山，咸得以与于击壤之谣，乐乐而利利也。”

然而，井田制早已崩溃，此时再提井田制，难免有剥夺富人之田的嫌疑。对此，林龙江解释说：“井富人之田矣，世其子孙而差其官焉，又奚以亟夺为忧哉？”意思是富人贡献出田地，可以委派他们的子孙当管理员，就没有被人剥夺的忧患了。这是比较有创意的说法，但有人无法理解。于是，林龙江又耐心地解释说：“诗曰：‘田畯至喜’，又曰：‘嗟嗟保介’，则田畯保介其官矣。公田量入其家，而农人之易其田也，复令治之，书所谓‘与国咸休’是也。然富人之田，或不再世而属之他人者，亦多有之。第令官矣，又且及其孙子矣，则富人即甚愚也，其有不欢欣以献其土于上，以享其利于世世者，未之有也。”意思是这种做法（即委派献田的富家子弟为管理员）古已有之，更何况“富不三代”，又有多少富人田地没过几代就尽属他人呢？如此说来，即使是非常愚蠢的富人，也应该知道献出土地，以使自己的后世子孙能世世享利，是值得去做的。

最后，林龙江感叹说：“贫富不均，教养无法，虽欲言治，皆苟而已。夫井田之制，始于黄帝，万古之所不能易也。而竟坏之商鞅，遂使天下万世之民，不复聊生；而汉唐宋之治之不古若者，盖职此之由矣。”林龙江着手修订井田法，“其详散见之诸拙集中，以补古先圣王制作之所未备者”，“庶天下万世或有举而行之，余之心也”，其苦心孤诣若是，也真是感人至深啊！

值得一提的是，林龙江并非一个食古不化的人，他看到“周授田百亩，商七十，夏五十者”的现象，提出了自己的观点，说夏、商、周授田固然有异，但是“其所以度民力而量授之者，同也。长短其度，损益其数，其三王之制也，而不相沿矣”。对此，有些人还是不太明白其中的奥妙。这时，林龙江又要言不烦地指出：“余尝遍叩之诸老农曰：‘一夫所耕，不过今之二十亩，终岁勤勤，乃望有秋。’由此推之，夏之五十亩，今之二十亩也；商七十亩，周百亩，亦今之二十亩也。沟洫庐舍，一仍其旧，而其制之不相沿也，其亦以立一代之规模，新斯民之耳目者乎？”原来是度量衡发生了差异，这才有夏五十亩，商七十亩，周一百亩的说法。可见，古时所谓的五十亩、七十亩、一百亩，大概与现今（指明代）的二十亩的面积是相差不大的。

第六章

改建东山 倡道东南

因为感到时间紧迫，林龙江加快了三教合一学说制度化的进程，建会堂，定堂规，收徒传道，将学说精华付梓出版。

由于魏鹤鸣梦见上天遣使召唤林龙江归天，并要另派能人下凡主持三教事业，这事给林龙江的打击很大，毕竟他才55岁，正处于年富力强的最佳状态，竟然要死了，而且要由别人来接替自己的职位，确实让人不好接受。然而天命难违，既然有了这个预兆，林龙江也是无可奈何。因此，他写好《井田》后，立刻着手订立遗嘱，一曰《纪梦豫草遗嘱与诸生》，一曰《豫撰圹志并殡葬礼节》，旨在安排后事，好令门下弟子能明其心志，莫忘代其倡道人间，弘扬妙法。

《纪梦豫草遗嘱与诸生》

辛未初冬，魏生鹤鸣尝梦上帝遣请余归，复令有主此三教者。夫三教之旨，余既详之矣，而其复主此三教者，必其达而操宰执之权，能推而行之于天下万世者，非若余无位之士，徒托之空言已尔。

庄子有言曰：“天地劳我以生，逸我以老，息我以死。”余托空言，以宣明此三教之旨于天下万世，栖栖惶惶，不遑宁处，亦既劳矣！若天心仁爱，果能息我以死，余之心也。况有主此三教，而推而行之于天下万世者乎？然余生平，不以家为家，而天下万世，乃余之家也；余生平不以家之政为政，而所以群儒道释者流，以各循乎三纲之大、四民之业者，乃余之家政也。

人之将死，莫不有以命乎其后，而余三教正宗三十余卷，倡道疏启一帙，乃余之所以命乎其后也。余之所以命乎其后者备矣！余今复何言哉？但恐余既死矣，而余之所以命乎其后者，不能遍嘱天下万世之人尔。然此皆诸生之责也。诸生其勉之！

龙江道人林子兆恩

关于葬礼，林龙江是有自己的想法的。他曾对王录说：“有形终有累。人死之后，神气归天，虽形无其形，而体魄归地，神犹恋魄，不免轮转复生也。若释氏之荼毗，四大返空，神气飘荡，无复挂碍，亦为有见，但不利于儒者之道。想尔曹不忍为我行之，我亦不敢为尔曹训。”其意思十分明白，就是赞同佛家的荼毗法，即赞同火化。然而，他生活在中国，他的学说核心是要归儒宗孔，自然更应该遵守儒家礼法了。有鉴于此，林龙江迫不得已，只好随顺世俗，安慰门人，听任传统葬法。不过，对于葬礼，他有自己的见解，遂作《豫撰圹志并殡葬礼节》，其内容如下：

里衬：纲巾、盖面白绫、握手白绫、衫、裙、裤、长衫、袜，俱布。

巾服：三纲巾、五常云头鞋、褶子（色绢前三褶后五褶）、幅巾、深衣白绫、大带、五色绦（一颗垂前）、履。

小敛：衾白布敛布

大敛：衾白布敛布

帽：青绢为之。

棺：内红色，外黑色。

铭旌：布为之。题曰：明子谷子龙江林子兆恩柩。

墓：在文赋里石门山。

林子兆恩豫自志其圹曰：

鸣呼！自古有死，死亦何憾？但生平之所以孜孜汲汲，以阐明夫三教归儒宗孔之旨，与夫君臣父子夫妇三纲之大者，不知至死之期，果能信于天下乎否耶？又不知余死之后，而万世而下，果有能知而信之者，群道释而伦属之，以归儒宗孔，以扶植此三纲乎否耶？夫以七尺之躯，而虑天下之大，百年之近，而谋万世之远。及至豫撰圹志，乃始觉悟，而自哂以为愚也！生于正德丁丑年某月日，卒于某年月日。墓在石门山。石门山，林子兆恩先代族葬之山也。春风秋雨之候，得以日夕侍立我祖我父之侧，得以奉伺所乐所嗜，居处笑语，不殊少小过庭之时，此亦死中之一大幸也。

以上两份遗嘱写好后，林龙江便坦然待死。可是，过了一个月，勾魂使者竟然还没有来。既然还有时间，林龙江就再次提起笔来，认真梳理，反复提炼自己的生平学说，最终创作出《三教合一大要》十条。这十条大要，其实就是林龙江对自己生平著作的第一次全面总结与认定，堪称精华中的精华，其具体条目如下：

为太极总理三房孙子。

自开辟以来，愿与浑沌羲孔等列为四。

复还太和元气，流行宇宙。

以补圣人所不及为之缺典。

以续开辟以来斯民祖宗之嗣事。

汉唐宋以来，鲜有能知一体之学者。

以率循常道，非以牵合古人。

二氏者流有不待辟而自息者。

道释归儒，儒归孔子。

惟当以世间法以语二氏者流。

由此不难看出，林龙江正在与时间赛跑。其实，早在隆庆三年（1569年）二月，林龙江滞留江西万年县时，他的弟子洪文谊、洪嘉善曾捐出两百余金，准备为他建书院，用于讲明心性及非非三教、归儒宗孔等学说，以继往哲，以易天下万世之人心，结果林龙江说："我所倡导的内容还没深入人心，等到人们真正信仰之后，再建未晚。"洪文谊、洪嘉善以为师父是客气推脱，但当时林龙江确无此意。然而，这事仅仅过去两年，林龙江就改变主意了，只因魏鹤鸣那个怪异的梦。

东山建堂

隆庆五年（1571年）十二月，即魏鹤鸣梦后两个月，林龙江便马不停蹄地从福州赶回莆田老家，在他家的东山草堂构建儒、道、释三亭，还有东西四小轩。

本来林龙江自己就是堪舆学家，但凡事关己则乱，因此，林龙江在改建东山草堂时，并没有亲自出马，而是命其弟子林直方择向。相传，林直方初次定向时，林龙江就嫌方位不好；再定向时，林龙江还是认为非绝佳之所；最后定基于樟树之下，林龙江才拍手叫好，认为这便是万世不拔之基。有识者说："东晋时，许逊曾留下谶言说：'吾飞升后，千二百年，豫章之地，五陵之

东山祖祠院中的千年古樟

内，出弟子八百，其师出于豫章，同际龙沙之会。'而今，我们恰逢其期，又正处于樟树之下，大概就是应在这里吧？"后来，宁化人黄曹到东山参学，听闻此事，便作一篇《豫章真师记》，其文曰："晋室都仙许公谶云：'吾仙去之后，千二百四十年，龙沙遘八百真之会，其师出于豫章。'或指江西。殊不知神仙隐语，实为吾师林先生产莆阳。莆城少樟树，惟乌石山一樟，不知其几百年前所生也。按地脉，樟之生处适当脉之正中也。建堂于樟之前，树大，合抱有余，垂生如活龙遮堂而过之。自根复生三枝直上，其大各一抱余，奇哉！一干三枝，其诸三教合一之义也。先樟树而后堂宇，豫樟之谓欤？生斯世者，不知先生为圣人可乎？知圣人矣，舍是而别从，何异弃和璧隋珠而珍珷玞鱼目也哉？曹赋性庸下，他无所长，惟知足以知圣人。噫！龙沙之会，以其数考之，合其时矣。五陵之内，凡我八百同志，未入先生之

东山祖祠全貌

门者，可不知所依皈乎？”

翌年正月，林龙江又将建好的三亭四轩改名为“三纲五常堂”，中间命名为“合一堂”。“合一”者，就是合道释者流而三纲之，五常之，士之、农之、工之、商之，以与儒者为一也。至于为什么其堂名不叫“二氏宗孔堂”，或“三教宗孔堂”呢？林龙江解释说：“以今之儒，非孔子之儒也，故亦儒之，而孔子之也。”随后，他又将东西二堂与合一堂一起命名为“三纲堂”，再将东西边二堂加入进来，即有五堂，又统称为“五常堂”。这“三纲五常堂”一落成，林龙江便着手制订堂规（又叫帖戒），严格规约门下弟子。其堂规内容如下：

连战题词

敬集义联，及心圣、道不远人、性本相近等句，即沾沾自喜，以为即心即圣，虽孔老释迦未尝不可学而至也。”于是张洪都对学道有更加坚定的信心，从而一如既往地倾情道业，心无旁骛。

至此，林龙江所倡导的三教合一学说的教派就基本形成了。有场所，有经典，有教主（后面才会正式称呼），有教规等等，一应俱全，只是还未公之于众。

既然林龙江已创制了有自己宗派特色的服饰——三纲五常衣，又改东山草堂为合一堂，还制定了帖戒，这开宗立派的气象呼之欲出。只可惜，天心难测，林龙江到底有多长寿命，他并不知道。还有，眼下他门中弟子颇多，可是尚缺能承其衣钵者。因此，外出倡道与寻找衣钵传人这两件事情必须同时进行，互为补充。

林龙江画像

有教无类

据《林子本行实录》载：“教主初倡教，一切费用，咸出自家橐中。至丁卯（1567年）告匮，诸生因请受贽仪，曰：‘非此将何以宣其教于四方，以易天下万世也？’教主始受贽。至戊辰（1568年），又因贽不足用，诸生请受赆仪。曰：‘非此何以宣其教于四方，以易天下万世也？’教主始受赆。其综理籍记，各有司存。或以刻刷书籍，或以应助病贫，毫不以自私自利，详其

贽是指拜师时所送的礼物，赆是指送别时所赠送的财物。

《疏天文稿》中。”如此说来，林龙江在51岁以前，凡有外出讲学，都是花自己家的钱。但从51岁开始，因资财告匮，这才接受其门下弟子的馈赠与援助。而林龙江带着紧迫感外出倡道，则应该从构建完善合一堂开始算起。

隆庆六年（1572年）四月，林龙江安排好合一堂的事务后，原计划要去南京倡道，但路经樵阳，有盛子祥、李昌隆、李儒林等最先受业，遂滞留樵阳收徒传道。其时，樵阳人听说三教先生林龙江来访，赶来参拜的人非常多，还有一些或贫穷或生病或残障的人士，扶杖而来，匍匐而赴，场面十分感人。对此，林龙江说：“是皆吾兄弟之颠连无告者。”于是各语以心法，使人人欢喜。一个月后，林龙江准备走时，樵阳信众无不挽留。最后，大家实在留不住了，就画下林龙江的肖像用于奉祀。此乃林龙江登上神坛的最早征兆。在此期间，他著有《樵阳教言》。

拒，单单就拒绝一个你，你会作何感想呢？”

陆姓学人闻言而觉悟，感叹说：“是我的见识太短浅，没能看到这么深层的问题。”

三句要诀

由于林龙江倡道时，坚持孔孟家风，对渴望求学者，向来有教无类，则其教法就必定要循孔子因材施教之路了。子曰：“中人以上，可以语上也；中人以下，不可以语上也。”另据子贡说：“夫子之文章，可得而闻也；夫子之言性与天道，不可得而闻也。”由此可见，孔子传道，只传给天分高的弟子，对于资质一般者，他就不肯多说了。是故，林龙江也用孔子教法，备两套功夫、三句要诀，随宜教授他的门下弟子。

其实，早在嘉靖四十三年（1564年）夏天，林龙江就对大道了然，并运笔写出了《心圣直指》，将其腹内精华倾泻殆尽。然而，他并不愿意公开这本书，原因是该书太重要了。同年冬天，刘经邦入门。过了两年，林龙江才将这本书拿出来给刘经邦看。刘经邦看后，发现这本书博大精深，见理透彻，但他不理解为什么师父不肯公开发布，遂问道：“这本书发明微旨，比其他集子都详细，你却不肯公开出来，这是为何呢？”林龙江答言：“你难道没有听说孔子之所罕言者，不正是命与仁吗？而我门弟子之所不得而闻的，难道不应该是性与天道吗？”既然师父有命，刘经邦也无可奈何，是故该书竟不得传。

14年后，即万历六年（1578年），林龙江主动将《心圣直指》公开发布。同时，他又将自己的道法精要提炼为三句话，即心身性命为要道，三纲五常为至德，士农工商为常业。后来，卢文辉在编纂《林子三教正宗统论》时，曾对此书名作了解释，他说："文辉乃窃三教先生之本旨而语之曰：'其所谓三教正宗者，非他也，心身性命之要道也；三纲五常之至德也，士农工商之常业也，统而宗之，岂非所谓万世无弊之可宗者，正宗耶？'"换句话说，林龙江一生的道业精华，就是三句要诀，里面包含了两套功夫，一套罕言者，就是心身性命为要道，实为出世法；一套常言者，就是三纲五常为至德，士农工商为常业，乃是世间法。

一、心身性命为要道

林龙江认为"三教以心为宗"，因此，凡是想学林龙江者，就必须时时刻刻念念在心。不过，林龙江又说了"心即性也。""性本于命，命出于天。天也者，自然而已矣！故天则自然有是命，而命则自然有是性也。"有鉴于此，陈聚华在《林子三教正宗统论》的目录纪因里概括说："林夫子透三氏之真原，悟一中之宗旨，由真性以为道。其道也，乃未有儒，未有道，未有释之先之道也。由至道以立教，其教也，乃儒之所以为儒，道之所以为道，释之所以为释之教也。其合一之也，实有不待合而自一者。"由此可知，林龙江所说的道，是紧紧围绕着"必身性命"来重点阐述的。

对于修心之要，林龙江在《倡道大旨》中说："余之所以为学者，宗孔也；余之所以宗孔者，宗心也。盖吾心之孔子，至圣也。故吾一念而善也，一念而恶也，吾自知之；人所为而善也，

所为而恶也，吾亦知之。岂非吾心之孔子，至圣之明验欤？非特吾心之孔子为然也，则虽前乎千万世之既往，后乎千万世之方来，无论智愚贤不肖也，而其心之孔子亦至圣也。若夫近代名儒，心之孔子，与吾心之孔子原无异也。而其言之载于典籍也，何其与吾心之孔子有不同邪？故余直以‘宗孔为正，宗心为要’尔。”

对于见性之法，林龙江在《分内集》自序中说：“今汝未能尽心，安能知性？未能明心，安能见性？余昔者尝有言曰：‘知性性知，非智能知；见性性见，非眼能见。’夫既不可得而知，不可得而见矣，余将何言，余将何以教汝也？汝今且依余所授尽心明心要法，勤而行之，久则自当有悟入处。既有悟入，便有真知；既有悟入，便有真见。真知无知，无知者知，名为性知；真见无见，无见者见，名为性见。无可测识，性不属知；无可想像，性不属见。性不属知，何以曰知？性不属见，何以曰见？自性自知，自性自见，自性自悟，自性自度。既曰自悟，非由人悟；既曰自度，非由人度。尽心明心，自悟自度。机非在我，自非我义。神理自彰，不可度量。如是而悟，非我能悟；如是而度，非我能度。非我能悟，正觉正悟；非我能度，正觉正度。余将何言，余将何以教汝也？”

对于修命之方，林龙江在《分内集》自序中则说：“修命必本于修性。《易》曰：‘穷理尽性，以至于命。’若或徒知所以尽性，而不知所以至命，虽有慧悟，终落空无。故孔子之不惑，孔子之尽性也。我而能尽性焉，而人物天地之性，亦皆在我矣。故以我之性，而人之物之，而人物之性，有不自我而尽乎？以我之性，而天之地之，而天地之性，有不自我而尽乎？孔子之知天命，孔子之至命也。我而能致中焉，而天地万物之命，亦皆在我矣。以天地之命，以位天地，而天地有不自我而位乎？以万物之命，以育万物，而万物有不自我而育乎？”

二、三纲五常为至德

在林龙江看来，纲常为大，乃人伦之重，是学道之始。因此，他在《复张星湖大尹天叙》的信中指出：“兆恩之所谓三教者，三纲也。以二氏之失，而欲正之以三纲也。”为什么林龙江会对纲常看得这么重呢？因为他觉得“夫道也者，文之而足以定太平，武之而足以戡祸乱，故为道者不曰庙廊之上皆可为也，是虽三军之中亦皆可为也。若三军之中不可以为道，则黄帝涿鹿，舜禹三苗，汤武放伐，周公东征，孔子夹谷，是皆不可以为道欤？故辟世非道，离人非学，而二氏者流不可不知也”。很显然，林龙江坚定地认为“辟世非道，离人非学”，既是这般，那三纲五常就不得不重视了。

所谓三纲者，是君为臣纲，父为子纲，夫为妻纲。而五常则指仁、义、礼、智、信等诸行为规则，又称五典，或叫五伦。当然，若将五常解释为五伦，则成了君臣、父子、兄弟、夫妇、朋友这五种人伦关系，其具体的行为准则又改成忠、孝、悌、忍、善等。孟子认为：君臣之间有礼义之道，故应忠；父子之间有尊卑之序，故应孝；兄弟手足之间乃骨肉至亲，故应悌；夫妻之间挚爱而又内外有别，故应忍；朋友之间有诚信之德，故应善。凡此种种，均为礼教之约束、做人之根本、修道之资粮也。

为此，林龙江特别就道释二氏有无伦属做出解释道：“从

仙游世明学院中的“禅”字

古以来，学道者多，成道者少，故曰：‘学者如牛毛，成者如兔角。’余尝窃闻二氏之遗旨矣。道家之教，以少壮时在家孝养，娶妻生儿，以尽此伦属之大，至四十不动心，乃出世间依法修行，以了此性命之学。道书曰：‘人生以十六岁为春，十六岁为夏，十六岁为秋，十六岁为冬。春夏发舒，秋冬闭塞。’释氏之教，概四十有余岁而不能得道者，仍遣之归家，娶妻生儿。释经曰：‘婆罗门入山修道，道业未就，归家婚娶。’大抵儒氏之世间而亦未尝不出世间也。要而言之，而余之所谓常德、常业，以归儒宗孔者，或可质之三圣而无疑，俟之后世而不惑哉。”

倘若人伦出现问题，结果会怎样呢？邵尧夫认为：“三代之世治，未始不治人伦之为道也；三代之世乱，未始不乱人伦之道也。”对此，林龙江深表赞叹，并进一步展开说：“余今亦曰：

‘天地气运之隆，未始不隆人伦之为道也；天地气运之替，未始不替人伦之为道也。’由是观之，人伦之大，而古今莫之能损益者，以气运隆替之机，国家治乱之本系之矣！然则二氏之沦三纲也，可勿正乎？”既然林龙江如此看重人伦的作用，自然要推崇三纲五常为至德了，而夏教门人当然应该内化于心，外化于行了。

三、士农工商为常业

林龙江之所以要求其门下弟子必须以士农工商为常业，是因为“余所谓三教合一之大旨者，盖欲合道释者流，而正之以三纲，以明其常道而一之也；合道释者流而正之以四民，以定其常业而一之也。如此，则天下之人，无有异道也，无有异民也；而天下之人，亦无曰我儒也，亦无曰我道也，亦无曰我释也。此其唐虞三代之盛，而无有乎儒道释之异名者，故谓之一，一之而归于正也。”意思是他所创立的“三教合一之大旨”，其实要同时做好两件事，一是要重人伦，合乎三纲；二是守常业，自食其力。只有这样，才能使“天下之人，无有异道，无有异民”。

对此，应该是比较好理解的，因为人活在这个世界上，要想不劳而获，是很难生存的。即使有些人能够不劳而获，生活也必定索然无味，很难受到人们的尊重。林龙江教导他的门下弟子要以士农工商为常业，唯其如此，才能学好道业。

有了以上这三句要诀之后，无论是林龙江本人，还是他门下弟子，只要他们外出传道，就以此为方针，接迎求学求教者，使人人得以安慰，从而充满信心与活力，安于当下生活，静中参透那不生不灭、不垢不净、不增不减的本来种子。

第七章

两度受挫 入山传法

由于误会，林龙江两次得罪地方官吏。为了避祸，他隐于山中，用笺传道，继续著书立说。

凡事都有两面性，有其利，必有其弊。林龙江坚持“有教无类”，但他真这么践行了，好处是显而易见的，即教门大开，弟子日盛，而弊端则潜伏其中，随时发作。这不，林龙江前一年才对陆姓学人说要“有教无类”，翌年就在福州受考，几乎断送性命。

侍生帖是一种名帖。侍生是明代后辈人在前辈人面前的谦称。据王世贞《觚不觚录》记载：明时翰林旧规，入馆后七科者，称晚生；后三科者，称侍生。后来，地方官员去拜访乡绅时，名帖上一般也写侍生，表示尊重对方。门生帖即拜师帖。

福州受考

万历七年（1579年），林龙江寓居于福州南台，因其声名远播，所以福建巡抚刘思问就遣仆人拿着侍生帖来邀请他过府一叙。林龙江恰好不在，故由值日者林君教接待。林君教看了来者名帖，见是侍生帖，就直接扔回去说：“我师父非门生帖不受。”

要说这福建巡抚能出侍生帖，也算是尊重林龙江了。不过，林龙江素来不喜与公门中人交往，因为修道之人经常出入公门，难免会惹来非议。因此，林君教拒收帖子倒也没有大错，但他错就错在太狂妄了，认为师父名声大振，到处受到尊重，便要起大牌，掷回巡抚名帖。

刘思问的仆人碰壁后，自然添油加醋，大发牢骚。刘思问闻言，陡生怒火，立刻准备派衙役搜捕林龙江及其门人，至于要如何处置，他还没想好。不过，坊间一听说巡抚要缉拿林龙江，就捕风捉影，谣言四起，说什么巡抚要将林龙江等一干人等斩立决。因此，当时追随在林龙江身边的十几位门人就扛不住了，一时乱了方寸，不知所措。其中，有人要小聪明，称自己身体有病，将刻经的百余两银子私自带走，跑回莆田。

不过，说来奇怪，刘思问光放出消息要抓人，但并没有真实行动，即使有动作，也是虚晃几下，做做样子，摆摆谱，吓吓林龙江。然而，闽清县籍弟子王兴听到消息后，便坐不住了，立马星夜奔赴福州，愿替师父而死。当林龙江见到王兴后，倍感欣慰，毕竟还有弟子能远来探问，甚至甘愿替死，殊为难得，也不枉他往日的悉心栽培了。为此，林龙江特意给王兴制作一套新衣服，好让他光鲜帅气地挺立在福建巡抚面前，彰显一下夏教门人的威仪。

次日，王兴怀着必死的决心，昂首阔步地径往福建巡抚府衙，投见刘思问。他由府衙中门而入，见刘思问仅作长揖，却不落拜。

刘思问见王兴气宇轩昂，大义凛然，遂问道："你就是林三教吗？"

王兴答言："不是。鄙人姓王名兴。林三教是家师。"

于是，刘思问又问："你师父为什么要人自称为门生呢？"

王兴解释说：“不主动去见人，是我师父平日里恪守的原则。掷回你的名帖，并非我师父的意思，那是他门下值日弟子林君教的胡乱做派。林君教这个人素有癫性，见到我师父就神气安定，否则癫性就会时时显露，无法控制。这次他胡说八道及随便掷帖的行为大概是他癫性流露吧。请你海涵，不要见怪。”

刘思问听完王兴的解释，也不作深究，毕竟他志不在此，所以他接着问道：“那你师父对于向他求教者，为什么要人发誓呢？”

此问一出，王兴顿感轻松，原来巡抚是对我门内事情感兴趣，因而，他认真地回答说：“这道之本源来自于天，以是之故，哪有传道之时，而不告诉于天的道理？至于写疏发誓，不过是要人发心为善，持受孔门心法，向着为圣为贤进发，别无他意。”

这时，王兴忽然掏出随身携带的入门启章，恭恭敬敬地请刘思问验看。由是可知，王兴此行，其实是有备而来，并非鲁莽行事。

刘思问见王兴递出一张纸，便接来查看，其内容如下：

《初学诸生告天矢言》

三教门人某谨筮日斋沐介贽启领孔门传授心法，于是始知吾性之善，即孔子，敢不战兢惕厉，夙夜奉行，誓发一念之诚，学不至于孔子不已也。又敢不遵守明训，以三纲五常为日用，入孝出悌为实履，士农工商为常业，修之于家，行之于天下，以为明体适用之学也。至于义利之辨，不可不明也；沉湎之凶，不可不戒也；

方刚之气，不可不创也；嗣续纲常，固于人为最重，而淫邪之僻，亦不可不惩也。如或败纲乱常，不忠不孝，不士不农，不工不商；义利之辨，有所未明；沉湎之凶，有所未戒；方刚之气，有所未创；淫邪之僻，有所未惩。即是孔子罪人，将何以自立于天地之间也？为此肃启，不胜悚栗之至！

附　启

一、自愿诸凡所授心法，惟当勤而行之；所示明训，惟当遵而守之。誓发一念之诚，真有若上帝之临汝，更不敢稍违于终食，少离于斯须也。

一、自愿日搜己过，痛自忏悔。某尝窃闻之：众生举止动念，无不是罪；某亦众生也，而生平之所举止动念，恶得无罪？或为不善于明，而明为人之所非；或为不善于幽，而幽为神之所谴。自今伊始，誓将以前，日所为不是之事，自怨自艾，志心忏悔，更不敢有一毫自昧之心！如有不搜己过，不自忏悔；抑或忏之于前，而不悔之于后，即是得罪于天，惟天鉴之。

刘思问看过林龙江所规定的《初学诸生告天矢言》后，长舒一口气，如释重负。他对王兴说："我患有足疮，并且口中经常烦渴，故想拜领心法，你看如何？"

王兴爽快地答言："这有何难，请你拿出香烛焚启告天，即可传授。"

于是，刘思问立刻派人准备香案，自己则郑重地在启章上具名。一切仪式做好后，王兴即传授刘思问孔门心法。刘思问才尝试运行一会儿，就有感应，只觉得口内生津，脚痛缓解了。这时，他难掩自己心中的喜悦，称王兴为王先生，恭敬地引入内堂，设宴款待。宴罢，他希望王兴能在次日邀请师父林龙江到平远台相会。后果如愿，而他亦带两子执贽求教，从而成就了一段佳话。

仙游道明书院墙壁上的“虎”字

林龙江遭遇这场风波后，总算明白自己教徒无方，才令小事变大，虚惊一场。于是，他摒弃外缘，潜心修炼，最终悟出一套切实可行的心法，那便是九序心法。该心法合艮背、行庭于一体，兼卓晚春、张三丰的道家功夫，但其终极功夫则是林龙江自创的，非外道所能模仿。这年十二月，林龙江著《九序摘言》，其要目如下：

第一序曰：艮背，以念止念以求心。

第二序曰：周天，效乾法坤以立极。

第三序曰：通关，支窍光达以炼形。

第四序曰：安土敦仁，以结阴丹。

第五序曰：采取天地，以收药物。

第六序曰：凝神气穴，以媾阳丹。

第七序曰：脱离生死，以身天地。

第八序曰：超出天地，以身太虚。

第九序曰：虚空粉碎，以证极则。

万历十二年（1584年），林龙江做出重大决定，汇编自己生平所著书，共87集，分作6函。其中，内四函以“元、亨、利、贞”标号，又两函以“乾、坤”标号。“乾、坤”两函实为摘言，乃是诸生摘“元、亨、利、贞”等函内作品，各以已意而摘录，均有复语，故别为两函，不致混淆。最后，林龙江为这6函书取名叫《圣学统宗非非三教心圣集》。据林龙江介绍：“其曰圣学统宗者，归儒宗孔之本旨也。曰非非三教者，以三教之非者非之也。”后来，为了称呼方便，其门下弟子又将《圣学统宗非非三教心圣集》简称为《圣学统宗》，这是后来卢文辉奉命编纂《林子三教正宗统论》的蓝本。

同年，黄芳率先倡建三教祠于马峰，林龙江并未禁止。想当年，洪文谊、洪嘉善两人筹措200余两银子想建讲学书院，但被林龙江断然拒绝，如今，黄芳公开倡建三教祠，而林龙江竟不

仙游县社硎乡卓林村三教祠

后角石门三教祠

制止，这说明林龙江对自己的学说及其成就抱有信心，自然无所畏惧了。4年后，苏簧、林自明等人见黄芳所建的三教祠巍然屹立，没发生任何意外或争论，遂于涵江建起第二座三教祠。此后，截至林龙江归寂前，除了万历十九年（1591年）外，每年都有门人倡建三教祠，共计有15座。

这些林龙江在世时所建的三教祠都属于生祠，这从丘宪周题水南祠与吴应征题玉溪祠的联句中便可见一斑。丘联曰：“道若大行，男子亩，女子桑，虞夏商周如一日；心诚有主，老氏玄，释氏寂，孔曾思孟不二门。”吴联曰：“亘古今三圣事业，此时始定；环天地一大公案，万世皈依。”对于生祠，孔子是反对的，他在《论语·为政》说：“非其鬼而祭之，谄也。”如此说来，林龙江是基于何种态度竟让其生祠如雨后春笋般冒出来的呢？显然是他逐渐有了创教的念头，才纵容门下弟子造自己为神。

书板被焚

万历十三年（1585年）初，林龙江才坐享生祠一年，心情甚好，便想给莆仙人做件好事，即策划在赤屿（现属北高）、岩沁（现属涵江）、宁海等地建塔，以使旋风收煞，关锁水神，超露文星，从而大利科名。不料，他才发动建好赤屿塔，余下两塔的修建就被人阻挠了，以致功败垂成。

四月，福建巡按杨四知与巡抚赵可怀素闻林龙江大名，但缘悭一面，因此杨四知委托闽籍朋友代为引见，准备邀请林龙江去福州讲学。可是这位朋友写信邀请林龙江时，只说“偶构小亭于水磨之间，花鸟清幽，敢扳道驾偕乐”，丝毫没有提及杨、赵二人，更没说讲学之事，故林龙江回信恳辞。不久，赵可怀擢升至蓟门，途经武夷山，便托林应节卑辞厚币地邀请林龙江到武夷山一聚，以为“今若弗克见，是空来邹鲁之邦也”。有鉴于此，林龙江不得不动身赴会，毕竟介绍人林应节是他的门人。当赵可怀见过林龙江后，喜不自禁，随即写信告诉杨四知，称“林三教道德卓越，相貌亦奇，不可不见”。杨四知接到信后，对于林龙江肯见赵可怀而不见自己，难免有些生气。这时，杨四知的闽籍朋友闻讯，有意火上浇油地说：“是我无能，终不如林应节有面子。”嗣后，又有小人故意造谣：“听说林龙江这个人脾气很怪，择人而见，扬言只见好人，不见坏人。”此话一出，杨四知

顿感受辱，便想收集材料上报朝廷，狠狠地收拾林龙江。

还好天佑善人。时詹咫亭协理院事，听说杨四知要整林龙江，立即开导杨四知：“虽然我并不认识林龙江，但听说他收骸恤贫，讲学穷经，名重闽中，享誉甚久。如果你真的上疏的话，朝廷必然将奏章转到九卿六科处论议。可是，如今世人信仰林龙江者多，如果你的奏章不被重视，岂不是使他名声更响？不如你出榜文禁止，这样更容易遣散他的徒众。”杨四知见詹咫亭言之有理，遂于闰九月出榜文，行分守福道，广为张贴。其榜文举要曰：

访得莆田邑妖人林兆恩倡教立言，招集朋徒，从游数千余众，士大夫多出其门。初，亦信其为有道之士也。博访其人，观其妖书，狡猾隐怪。字字占地步，事事师奸状。邪说横议，惑世诬民，大坏名教，法应严禁。大率此人，因不利学校，却假此名惑众。若止称一教，则止一教从之，络笼不广，故僭称三教之说。夫世间止有此三途人，彼既立门户，无论儒道释皆好络笼，今就其言辟之。

兆恩之言曰：“三教原是一理”，则当为皈一之名可也。乃自号“三教主人”，匾其堂曰“三教堂”。何又分之为三也？诛其心，不过诱愚人之术耳。夫愚人知教有三，不能兼矣，即孔子大圣人也，不过曰儒。佛、老圣人也，不过曰释，曰道。国家儒有儒学，僧道有司，固未尝合之也。彼乃大言曰：“吾三教皆精。”使人闻之，莫不骇然起敬，曰：“教言有三，彼皆兼之。”真是大圣人。此立名之僭所当辟也。

……

凡人有慕其虚名愿见者，必阴使其妖徒说之，肯为门人而后见。且善能络笼人。人有患病者，则曰‘吾师术能回生’，必誓为弟子后授彼。人有亟病求救者，虽欲不拜为弟子不可得也。人有好堪舆者，则曰‘吾师精于地理’，必执弟子礼后传彼。亲信者虽欲不拜为弟子，不可得也。何诱人也甚巧，而招人有术也。初见时，用果酌一副，折钱或一钱，或五分，即刻入门人之籍。焚香写符，密咒说誓，即给画像一幅，令其供奉。每日吃斋，名不迁斋。又嘱其人，即父母问之，亦不许说。果系正道，何父母不可告也？是一入其门，而先犯无父之法矣。不知当时之从文公游者，亦用果酌银钱，刻其籍内而后不变乎？若焚香说誓，盖不过诱人使不敢变，而甘为左道之术耳。

……

昔韩子为异端之说，当庐其居，火其书。若三教堂诚当庐，而《圣学统宗》诚当火也。且圣人之道，如日中天，不外乎人伦日用之常，言行出处之际。如为臣者，各尽职业；为子者，各尽孝养；为幼者，各敬长上；为朋友者，不相欺害；为乡官者，秉礼守法，不恃势力以侵民利；为诸生者，勤学率教，不丧廉耻，以邀功名；为百姓者，安分乐业，不肆狡猾以负差徭，不逞

> 恶刁以兴争讼，则人人君子，此屋可封，乃所谓道也。
>
> 今兆恩正孔子之所谓异端、孟子之所谓邪说也。方今圣道大明之日，有此处士横议之言，不亟为之辩，则人心为其蛊惑，关系世道，诚非浅小。本院敬贤礼士，乐人为善。若兆恩果系正道，如胡敬斋、陈真晟，当往拜其门，奏闻于朝矣，又何辟哉？该道严加晓谕，其兆恩姑免究外，将三教堂匾，并《圣学统宗》等书，速行烧毁，仍将发去案验，誊写榜文，张挂明伦堂，并人烟辏集去处，通行昭示。其一切邪徒，各宜散晓，以正人心，以维世教。贤士大夫，勿坠其术，则世道幸矣。

该榜文一出，兴化府节推祝致和就遵照榜文之意，焚《圣学统宗》书板及宗孔堂牌匾于府学门前。事毕，祝致和连忙向杨四知通报情况，希图邀功。谁知，杨四知闻报，非但不喜，反而有些惋惜地感叹道：“林龙江的书，大半是劝人为善的，焚毁也可，不焚毁也可。因为在你这边焚毁了，别处的传刻还有很多，根本就毁不完。”说到这里，杨四知顿了顿，最后又说：“我的本意是想挫他一番罢了。”后来，杨四知还对他身边的僚佐抱怨说：“焚烧林龙江的书板并非我的本意，这是奉行者之过。”祝致和闻讯，知道自己犯了大错，后悔不迭。当他返回莆田时，立刻带领全家到东山向林龙江赔礼道歉，并悉数执贽皈投在林龙江门下。于是有人嘲笑他说：“你何以前后变化这么大呢？”祝致和笑着解释说：“宪令不得不遵也，正教不得不学也。”

入山传法

自从林龙江得罪了福建巡按杨四知后，其门下弟子人人自危，战战兢兢，如履薄冰。然而，今时不同往日，毕竟有上次福州受考的经验，这次许多弟子知道克制恐惧，安于当下，不至于出现惊慌失措的丑行。至于林龙江本人，他久经考验，不为外物所动，仍然镇定自若，从容不迫，甚至还继续派遣游思忠带领张洪都一起去南京传教。当然，自古以来，贫不与富斗，富不与势争，林龙江已年届七旬，到古稀之年，又是修道之人，他随即选择了避祸入山，隐于莆田北山、蔡公岩等地。

林龙江画像

万历十四年（1586年），林龙江帖门辞谢，隐于莆田北山，深居简出，潜心修炼，同时继续著书立说，完善自己的修学理念。不料，杨四知雷声大雨点小的打击报复不但没能禁绝林龙江的学说，反而激发了更多人的参学热情，他们纷纷来莆拜访学习。为此，林龙江特意作些文字统一答复“名遭挫辱，书被焚

毁”事件，其文曰：

按院见召，区区义不往见者，礼也。然按院代天子巡狩，雷霆震雳，山岳动摇，而一省官僚，无论高卑，一皆屏息，唯唯听命，而区区乃以布衣之微，而不敢往见者，是知有义，不知有分。以触按院之怒，而榜文一道，实区区有以致之，夫复何言？

区区详观按院榜文，不唯加我以罚名，每以释老羲孔等圣、典谟训诰等经，与我相为较驳，岂不以不直则道不见，而尽言相正。盖欲以匡救我，成就我，而一念委典之情，真有出于不得已者也。不然，则以按院雷霆之威，而执我罪我，我其敢怨？今既报命天子出关去矣，只此一道榜文已耳。不我执，不我罪，而忠厚之至，不蔼然见于榜文间耶？此意当古人中求之。

然区区之罪，固不可逭，而区区之心，实则无他故。始而不往见者，士之礼也。孔孟行之以终其身，是乃为圣为贤之第一义也。吾何为独不然？即有不测之虞，抑亦可以见孔孟于地下，而无所于怍也。既而，退入山林者，庶人之分也。盖按院榜文，既已付之梓氏矣，而复以案标名。将军令御史案，谁敢不奉行？谁敢不遵守？若不知所以奉行，所以遵守，即是刁顽之民，而无所容于天地之间也。分义二字之义，区区已辩之熟矣。若疏天一集，乃区区于岁嘉靖辛酉初发轫时，以立定脚跟之书也。诸凡亲者友者，来相劝止，或以礼教我，或以言教我，而附录二十五条，皆区区辩答，义不可回之意。

这年春天，袁宗道、萧云举、王图、吴应宾4人同登进士第，入翰林院，受礼部汪可受影响，全部皈投林龙江门下，执弟子礼。国学生吴用先闻讯，亦焚疏告天，私淑于汪可受。后来，林龙江的叔父林敬冕到北京任职，因汪可受、俞士章不知道林敬冕是否入门，故相互间不敢深入交流。当他们知道林敬冕也拜林龙江为师后，遂经常来往，相互切磋，过从甚密。对此，林敬冕在写信给林龙江时，曾介绍称："日前，仪部汪、俞二公未知不肖为同门友，故不敢相接。今始悉，而临顾殷勤，甚有道雅。汪生涵养冲和，已得敦仁真境，特未下第五着工夫。俞生心神爽豁，骎骎上烝。他如翰林四吉士国子一生，皆尝焚疏告天，私淑于汪生，意念精专，日思见先生而未克见，可谓笃信好学，吾道之行有机矣。先将姓名奉报，诸生俱有通札，俟后察，不具。"

袁宗道（1560—1600），字伯修，号玉蟠，又号石浦，湖广公安人。万历十四年会试第一，选庶吉士，授编修，官至右庶子。是"公安派"的发起者和领袖之一，与其弟袁宏道、袁中道并称"公安三袁"。他致信林龙江说："宗道生廿有九年矣，辛未之冬一病几殒。后，稍习静，更获称人。于时，感风水之易散，慨泡影之非坚。遂搜内典，遍叩风外。荏苒至今，盖增迷闷。若堕大海，恐涛汹涌。心悸目眩，将就沉溺。幸友人汪君见怜，告弟子曰：'吾师林先生总统三门，普度众生，尔曷归心焉？'弟子尔时神魂超越，悲喜交集。复得先生所著书，焚香疏

读，如醯鸡发覆，获见日月。弟子身滞都门，而心已飞于函丈矣！今者，更逢笏岩道兄讯师兴居，愈增渴仰，益思亲炙。故敢斋致寸缄，仰叩皋比。固知根器愚顽，非堪鞭策；所幸造物陶铸，不遗蠛蠓。傥蒙收录，得奉扫除，时闻法语，此之为恩，奚啻起死人而肉白骨哉？又师九序之训，弟子侧闻其五于汪君矣！大海迷人，偶得杖履，忻踊之私，言不能尽。顾尚未知艮背之时，见何景象，乃可行庭通关乎？复见何景象，乃可安土乎？安土几何时，见何景象，乃可采取乎？结丹有形耶？无形耶？移丹气穴，为自然耶？为用力耶？气穴在脐里之中央，抑脐之下一寸三分耶？统乞明诲，以开愚蒙，尚容躬诣门墙，敬聆奥旨。临楮无任瞻依悚仄之至。”

王图，字则之，万历十四年进士。初授检讨，以右中允掌南京翰林院事，充东宫讲官，累官至户部郎中。他写信给林龙江说：“王明石书云，图堕落世纲三十余年，对境逐尘，牵缠莫断；从嗔杂爱，烦恼无边。望彼岸以何遥，抱信心而难悟，自分出离之无路，岂期解脱之有因。恭唯老师，入圣超凡，明心见性。理玄真谛，双林早证菩提；幻泯空华，三教独传正印。撮七趣总归如来密藏，现化身遍入毛孔微尘。允般若之会归，信人天之师范。图幸沾法润，顿切皈依。诵要览而想象道颜，循艮背而证息忘念。期以数年之久，渐登九序之阶梯。恨正念孤微，迷情棼杂；颠倒相续，起灭不停。怜人寿之几何，恐性灵之易汩。兴言及此，挥泪交加。敢附上座笏岩公之便，肃裁尺牍，敬布寸衷。伏望老师，愿力慈悲，俯垂收录；慧光摄受，违加护持。俾弟子正念精专，直趋妙明之路；妄心消歇，早窥清净之门。下情幸甚，临缄不胜恳切祈祷之至。”

萧云举（1554—1627），字允升，号玄圃，广西宣化县人，是明代“公安学派”创始人之一。万历十四年登进士第，选翰林院庶吉士。他写信给林龙江说：“弟子最迷谬春秋，幻度三十有五龄矣！览镜顾形，儵然老大。回视婴儿，恍如蕉鹿境也。自惟君父之恩未酬，婚嫁之愿未毕，尘缘猝难捐割，人理犹然阙如。一日之内，而变态丛生；转盼之间，而蜉蝣递见。驭六马易，收方寸难。而又念河清不待，薤露易晞。壮色弗停，势如奔马。不以此时究性命之旨，证生死之关，有如一旦而草枯花落，与万品齐煨，捐弃惺惺，沉冥世世，嗟乎！哀哉！每一念至，而计划无所之，未尝不拊膺长叹，不觉涕泣之无从也……”

吴应宾（1564—1635），字尚之，一字客卿，号观我，安徽桐城人。万历十四年进士，授翰林院编修，后以目疾告归。天启中，以同里左光斗、方大任推荐，诏加左春坊左谕德，兼翰林院侍读。他写信给林龙江说：“应宾佩服儒训，栖心玄释之日久矣！虽复飘转情尘，溺沦见海，而一念信心，矻不可拔。颠倒头颅，虚浪岁月，廿余年于兹矣！何因何缘，获闻先生之名，读先生之书，而又获私淑于先生之道，以自熏染，了知此心，与三教圣人，毕竟无二，生大欢喜，发大誓愿，此何异指丐者之家珠，而使之归而有之也。幸甚！幸甚……”

吴用先，字体中，一字本如，号余庵，安徽桐城人。万历二十年（1592年）进士，授临川知县，有政绩，擢户部主事，累

官至蓟辽总督。他写信给林龙江说："用先曾未一觌先生之光仪，而闻先生之行，读先生之书，心甚向慕之，恨不执巾栉朝夕事先生。乃迩者，笏岩翁至都下，往谒叩之，知先生接引后学，惓惓盛心，始斋戒书启，称名为弟子。夫先生飘然世外，而用先束首一经，犹作尘嚣走，何以事先生？但思先生立教，深重纲常，而用先宗祀未续，世缘难脱，所以暂就樊笼。然而出世之想，无日不切，盖自观此身如幻，毕竟无常；心性真源，何由明见？若失母婴儿，了无依傍。幸天悯愚昧，赐以先生。九序之功，虽未得亲承指画，而私淑诸人，如盲得杖。即不揣钝器，信受奉持，只恐业重识昏，终须堕落。尚图来禩，恭指法席。目接温颜，耳聆要旨，庶得沃甘露而起沉疴，乘慈航而出苦海也。先此陈悃，唯先生慈悲，不麾之门墙之外则大幸。"

俞士章，号养弘（宏），宜兴人。万历十一年（1583年）进士，任义乌知县。5年后，升礼部主事。他写信给林龙江说："日者，笏岩翁至都下，携老师翰贶下及，感佩来教，汪洋玄达，渺不可即。请以己意为问，幸大慈悲，不以为渎而申命之……"

黄洪宪，字懋中，号葵阳，浙江秀水人。隆庆五年（1571年）进士，授翰林院编修。参修《大明会典》，书成，升右春坊右庶子兼侍读。官至少詹事，掌翰林院事兼侍读学士。曾奉使朝鲜，著有《朝鲜国记》。他曾于万历乙酉岁（1585年）主试闽中，但因故未能见到林龙江本人，遂感遗憾。待他回北京后，便通过萧其杰致信林龙江："昨岁承乏，滥役大邦。试事一竣，即欲抠趋门墙，饫领玄诲。因刻录日久，多费县官供给，遂重研入都，不获一望屦絇，至今怀歉。恶可当吾世而失林先生？闻先生陈义甚高，无论及门之士，得负墙请益。即山陬海澨，走尺牍问奇，如叩洪钟，击巨鼓，相应答如响。人人各如其意所欲出，先生真天下士也。敬因萧令尹行便，而通姓名于下。执事愿窃有请焉，伏惟崇昭。幸甚！”

总之，虽然林龙江隐于山中，但他用笺传道，对于来信请教者，无不认真回答，悉心指导。因此，四方人士慕名来莆，直奔山中请教。时山中房屋狭窄，“日不容膝，夜无所栖”，严重影响林龙江的传道事业。于是，他命门下弟子将蔡公岩旧址改建，用作来访者宿舍。后来，又建法堂，砌放生池，修登山道等，俨然一方净土。

第八章

屡获嘉奖 礼部购书

由于林龙江持续不断的善行义举，他多次获得各级地方嘉奖。礼部希望收购天下遗书，林龙江的弟子便将他的著作重新编纂，由此引发了分歧。

万历十八年（1590年），莆田境内遭遇旱灾，野有饿殍，民生维艰，令人哀怜。林龙江紧急召唤得力弟子，派遣他们分别到城中各处秘密查访，凡遇到确实穷困的，务必详加记录，待核实后，即行救济。此后，林龙江慷慨赈济，一次性提供数百担稻谷、百余两银，一日施遍全城，不差一家，这真是“未分，既不我扰；已分，亦不我乱”。兴化府大尹孙继有闻讯，感佩林龙江的善行，遂将此事呈报福宁分守道及福建省抚院，褒奖称：“山人林兆恩学行并崇，恩施独厚。”上级收到孙继有的推荐后，即颁匾表彰林龙江为“壶山高士”。后来，孙继有升为南京刑部主事，还曾手书称林龙江为“开辟以来一人”，由此可见他对林龙江的评价之高、推崇之重了。

林龙江画像

翌年九月，福宁分守道徐秉政、巡道汪腾蛟、大尹孙继有等联合邀请林龙江主持兴建芦浦塔。然而，该塔才奠基四级，就被附近的村民阻止了。因此，林龙江便奏请停工，并将塔址周围的田地租出，每年所得田租用于奉祀庞、商、戚三公祠。

万历二十年（1592年）正月，兴化府知府马贯鉴于林龙江多年来的突出表现，准备奖励他为郡宾，其理由是“先生年高德厚，行著学崇。儒道释尽归总持，天地人咸有解说。智愚同声颂德，缙绅仰拜下风。韦布成掀揭之勋，乡邦宜宾兴之典”。不过，林龙江坚决请辞，不肯接受。四月，林龙江受黄启宪邀请，主持建造渔沧溪桥，捐金百余两。随后，他命卢祺到处劝募，代己督造，终成大功。六月，福建省按院陈子贞行文称赞林龙江“业诗书而志甘泉石，守道义而恩及里闾”，并颁匾表彰，曰“高风劲节”。

次年春天，福建省抚院因怕倭寇卷土重来，命各地方开建火器局。其时，兴化府大尹孙继有认为东山西边有块荒地，恰好远离民居，适合开局，遂准备好钱款，想向林龙江购买。林龙江闻讯，当即表态无偿捐出。于是，兴化府便在东山西边荒地上建起火器局。事成后，福建巡抚许孚远特颁匾表彰林龙江，曰“义先保障”。

万历二十二年（1594年），礼部发出公文，要收购天下遗书。其时，林龙江著作等身，声名远播，自然是海内瞩望的对象。因此，无论是兴化府，还是莆田县，都急切催促林龙江把著作捐献出来，以供采选。可惜，他的著作书板早在9年前就被兴化府推官祝致和焚毁了。嗣后，他又有新作刊行，散播天下，但

都没有及时汇编，不成体系。因此，他对弟子卢文辉说：“遇变则革，乘其时也。余平生所论著诸书，每未暇删校，即为诸子录而梓之，是以多有叠出而未定。今子其为余再删校而编定之。”于是卢文辉谨奉三一教主钧命，以《圣学统宗》为蓝本，新增后续作品，附录张三丰《玄歌》《玄谭》，卓晚春《寤言录》，卢文辉《中一绪言》等人杰构，仍按“元、亨、利、贞”四函分类，重新编纂林龙江的生平著作，定其名曰：《林子三教正宗统论》。

嗣后，卢文辉又采辑《林子三教正宗统论》的精妙内容，改编出《三一教主夏午尼经》36卷，其中《夏总持经》3卷、《夏讯释经》3卷、《如来性经》3卷、《众妙玄经》3卷、《大成时经》3卷、《反身诚经》3卷、《度世正一经》3卷、《中和位育经》3卷、《明光普照经》3卷、《最上一乘经》3卷、《洞玄极则经》3卷、《道统中一经》3卷，分作12册。对此，林龙江甚是满意，并连同《林子三教正宗统论》一并刻印，以备朝廷征取。

不料，当林龙江门下弟子看到卢文辉所编纂的《林子三教正宗统论》后，赞者有之，毁者亦有之。按张洪都的说法是“时任校雠者，多所变易淆乱，远近诸友，深痛惜之”。因此，仅过一年，《林子三教正宗统论》才刚问世，况且林龙江尚在人间，李章、王兴、袁希朱、游万俊、游昌祖等人竟然联袂重刊《林子全集》，公开叫板。原来，由于卢文辉较迟皈投林龙江门下，但他特别受到林龙江看重，俨然衣钵传人、道统掌门，令其他一些弟子心生嫉恨，对卢文辉所编纂的《林子三教正宗统论》心存不满，坚持认为《圣学统宗》才是正宗。这一分歧直到万历二十六年（1598年）正月十四日林龙江归寂时都没有澄清。

第九章

道嘱卢生 魂归九天

林龙江在晚年时还曾巡视各地生祠，并指定教门传人。在他圆寂后，三教信仰继续传播于海内外。

万历二十四年（1596年）七月十六日，这天是林龙江80岁生日。其时，他门下四方弟子不惧山水阻隔、道路迢递，大多先期送来祝贺，总计有8000余人。生日当天，各色人等，衣冠云集，盛况空前。其中，浦阳王朱璇源作诗为先生寿、金陵姜云龙撰启为先生寿、徽州张濬写文为先生寿等鼎足而三，卓于众品，珍若拱璧。特别是张濬所写的祝寿文，能综述孔老释迦之经，以言林龙江之道大，其寿文称：

> 中国之地，三大干同祖于昆仑。三大圣人之道，犹三大干也。吾夫子以真心实地，合三大圣人而一之，譬之遡流穷源而登于昆仑者耶。吾夫子脱离生死，以身天地。超出天地，以身太虚。虚空粉碎，以证极则。真所谓举天地之内，天地之外，天下之大，万世之远，悉皆令入我如来法身而灭度之。自灭自度，无灭无度者，则其度世，岂特著述立言而命耳？提令人纲常性命而度世者已耶！真所谓豫为亿万年真阳来复计，使天再开，地再辟，再造天地之乾坤，重立天地之性命者也。又岂徒精固神王，视久生长，寿国寿天下者已耶？

九月十五日夜晚，林龙江忽然说：“我明日要去各地看看诸祠胜貌。”闻者以为他只是说说而已。不料，次日清晨，林龙江果然穿戴整齐，直接向清江进发。随后，他又去了玉溪、水南、瑶台等地。附近门人闻讯，莫不呼朋引伴，携老挈幼，拜谒礼敬，引以为荣。本来他还想去马峰等处三教祠看看，但因弟子们怕他太过辛劳，就适可而止了。这次巡祠的意义十分重大，它不仅体现出林龙江肯定弟子们为其建生祠的行为，同时表明了林龙

仙游道明书院

江对自己走上神坛充满自信。

翌年正月，林龙江担心卢文辉前两年替他改编的12册经卷太过浩繁了，便又命卢文辉在此基础上再行采辑，纂其大要，以便门人传阅诵持。于是，卢文辉再将原有的12册经卷浓缩为4卷，标其名曰《三一教主夏午尼诸经纂要》。

四月，林龙江静坐有得，遂作偈言，其言曰：

佛我元非我，我佛亦非佛。

无我无无我，无佛无无佛。

佛也即是我，我也即是佛。

无我无有我，无佛无有佛。

无佛无有我，无我无有佛。

时林龙江之孙林齐岳与卢文辉在侧，故林龙江命卢文辉念诵给林齐岳听，并予解释。后来，卢文辉将这首偈言补入《洞玄极

则经》之第二卷。

八月，许应甲与张子鲁听说林龙江身体不好，恐将归寂，连忙从漳州赶来莆田见他最后一面。一日，林龙江床前值日门人不在，许应甲与张子鲁、张洪都三人齐到林龙江房内探视。这时，林龙江叫三人随他去三一堂，他有话要说。到了三一堂，林龙江郑重地告诉他们三人有关三教的微密妙义，并小心嘱咐说：“这是无为法，你们要珍惜秘藏。如果没有遇到品质端正者，一定不要随意泄漏。”随后，他又对许应甲及张子鲁说：“你们不要认为兴化三教没有能人，现今还是有几个人悟入的。”由此可见，林龙江亲自印可了一些弟子的修为，只是没有点破名字而已。

九月，林龙江问新婚后的林齐岳：“你知道成人之道吗？”林齐岳答：“不知，愿请明示。”于是林龙江直截了当地告诉林齐岳：“成人之道，即我三教之道也，当念而体之。所辅翼造就汝，以显扬吾道者，惟卢生廷征也，当善而事之。”此言一出，基本上算是交代好他一生的绝学及其传人了。其时，林星海、黄启谟、雍性本、林宪翔、周曙东等人也在一旁。

十月，林齐岳有感于三教门内争执激烈，遂怀着诚挚的心情，恳切地写下《念祖明训》，为卢文辉承接林龙江衣钵作证明，其文如下：

> 岳也以弱植之资，愧不能承先德，昭家风，徒成土梗耳。窃念大父倡明三氏，广度群迷，以三纲五常为至德，士农工商为常业，心身性命为实学。成己成物，度人度世，每庄诵夏午诸经，暨正宗正义诸集，洋洋至教，凿凿名言，岳虽不敏，敢不蚤夜佩服，以求无忝所

生，以无贻大父羞？诚所愿也。

第三教等事，大父昔年已付之廷征卢君，以荷担而主持之。其所托重而恃力者，良匪轻也。且廷征君聪明天挺，纯粹性成，得儒道释之正宗，明圣玄禅之秘旨，真可谓传道得人，三门之赤帜也。我大父实爱而敬之，复时时面示岳曰："继吾道者，惟卢生廷征也。我若百岁后，汝当善事之，勿以吾言为忽。"岳揆自乙未年结经之春，圆光吐华之夜，而道统直传，廷征君固已应期而授受矣。天意攸钟，神机先定，岂庸常所能测识哉？

岳因受室毕，一日侍大父侧，大父因提岳耳曰："汝今知成人之道乎？成人之道，即我三教之道也。当念而体之。所辅翼造就汝，以显扬吾道者，惟卢生廷征也，当善而事之。"大父严训，昭若日星，时与闻者，伯父星海大人，暨大父门徒启谟黄君，性本雍君，宪翔林君，曙东周君，亦在其侧，天地鬼神，凛然难欺。岳恐继述不逮，有伤大父之明，谨附数言于经书卷末，以识不忘。不惟见我大父付托之得人，廷征君传道之不偶，亦以见齐岳敬守之一端也。

时万历岁次丁酉孟冬谷旦

三教孙子齐岳薰沐百拜谨识

林龙江尽一生之力，研究儒、道、释三教，宣扬三教合一学说，创立夏教，以立本、入门、极则为修行次第，用九序心法为度世及修行法门，大阐玄风，广收弟子，屹然挺立于人世。其间，他多行善事，爱国抗倭，扶危济困，治病救人，屡获赞扬，

也常遭人构陷，但他始终不悔。

万历二十六年（1598年）正月十四日寅时，林龙江寿终正寝，但没有一句话说到后事。其时，他的堂弟林兆珂、孙林齐岳、门下弟子卢文辉等十数人在侧。只见他“神色如生，须鬓转黑，肢体和柔，拱手当胸”，众人上前把他扶坐于禅椅上，他的头还直昂不垂，传为奇事。

当林龙江归寂的消息传出，远近门人莫不奔走悲号，如丧考妣。3天后，东山三一堂设灵堂，莆田城内三教门人依林龙江生前所制定的礼制，心丧反服，早奠哀哭3个月。

各地、各祠亦仿东山三一堂设座哀哭，持续3个月。一些受过林龙江教泽的人，闻讯亦来赴吊。松江陈济贤入门较晚，但他所写奠章颇能阐明林龙江一生之大体，其文曰：

> 先生始设教，常称孔老释迦曰“三教先生”。今天下若儒绅，若黄冠，若缁衣，以至无量无边，咸称先生曰“三教先生”。兹者哲人云萎，世莫不幸见先生，又恨不及见先生。然亦知先生之于孔老释迦为一耶？为二耶？抑以有形色象貌者为先生耶？无形色象貌者为先生耶？万有生于太极，太极本无极。有生者，必有先天地生者，太虚而已矣。太虚运而为命，赋而为性，通而为心。心有正念，有妄念，而虚者渐窒碍矣。使非先生降生，主持世教，止妄念而归正念，敛正念而为真心，存真心而尽心，而尽性，而至命，而复返太虚，则万古为长夜，何以终天地而终，始天地而始耶？故六合之内，六合之外，未尝顷刻无先生也。时在六合之内，则画八

卦，证涅槃，明三教，而为有形色象貌之先生；时在六合之外，则覆天载地，穿山透海，出入日月，而为无形色象貌之先生，孰谓先生以生生，以死死耶？则又何以见先生之为幸，不见先生之为恨耶？

昔三尼之设科度世也，均欲使人求复其虚而已。曷尝有儒、道、释之异名？其流也，分为鼎足，互相攻击，不啻聚讼。我先生起名儒，振教铎，补二氏之流以纲常，补儒氏之流以性命，定为合一之旨，而道统揭日月行中天，即家国天下非之不顾也。荷担二氏，集为大成，猗与劳矣。迨教行而道明，人知断弃纲常之非，支离章句之陋，骎骎乎归儒宗孔，而生平所著为书，结为经，家诵户晓，神功妙用，业已周流六虚。于是，果圆行满，复归婴儿。思惟绝，知识空。目不辨亲疏，耳不知叫号，口尝歌无言之诗，渐至坐蜕皮囊，则此生之逍遥而去，顾不大与？至若先生平日施仁布德，赈生人而泽枯骨，似属绪余。及济贤等仰荷生成，拨云雾而见青天，亦属私感。以故，不及称说。而敬述先生之为有为无者，大都如此以为先生颂，并以为幸见先生，恨不及见先生者告。遥荐三洂之波为醴，九峰之毛为豆，先生鉴之。

然而，那时大家还没论定丧服，而张洪都执意要“心丧三年，宜衣白冠素，不宜执吉，且不饮酒，不茹荤，以示羹墙不忘之意”，水南朱逢时深以为然。

不过，有人反对说：“弟子为师，心丧三年，若丧父而无服，然何乃衣素哉？若衣素，何不齐缞斩缞？”

张洪都闻言，耐心地解释说：“礼以义起，服由心生。师没矣，执喜饮酒茹荤，非吾心所安，又何必徇人以为礼哉？且此礼一见于孔门，再见于吾门耳！《檀弓》记孔门为丧，二三子皆绖而出，若丧父而无服。《注》又曰：以后章二三子皆绖而出言之，则此所谓无服者，乃吊服加麻也。凡吊服不得称服，故谓之无服。此可知非执吉明矣！见庐墓，或三年，或七年，又载之孟子七篇者乎？”

建安谢劝学、江山徐良材等人听了张洪都的解释，当即表示认同，并承诺要依此礼而行。刘叶、徐龙等人听说了，也跟随断绝荤酒3年。

至于祭礼，有人坚持从儒家规制，用牲祭；有人推崇佛教仪式，设醮谢。对此，张洪都认为：“《礼》记孔子之丧，公西赤为志焉，兼夏商周之礼以荣夫子。今先生倡明三氏，兼儒道释之典以隆之，亦奚不可？”

毋庸讳言，张洪都并非继任掌门人，因此，他的说法仅代表他个人意见，有认同的，就跟他们一起践行；不认同的，自然就各自行各自的礼。由此可知，在林龙江晚年，其门下弟子之间意见分歧之大了。

4年后，即万历三十年（1602年）正月二十八日，林齐岳奉林龙江灵柩到文赋里石门山安葬。那时，莆田士绅、信众，以及先前曾向林龙江求教的人，无不参与致祭，一起拉牵着绳子拉棺材的，或举着茅草扎的人马的，总计有7000多人。到了二月初四日，方才正式下葬。墓背乾向巽，共有四窾。其中，林龙

林龙江墓碑

江居左，他的妻子陈孺人居右，他的长子锡命和长媳黄氏附在两边。至此，林龙江的凡体彻底归入尘土，而其精神却被植入夏教之中，自莆田而起，传向四方。

林龙江归寂后，其亲传弟子纷纷建祠奉祀。对此，《闽书》给予佐证：林龙江归寂后，“莆穷山极海，至三家聚落，莫不祀之。上而延、建、汀、邵，下而晋、安、

林龙江墓

清、漳，皆有三教堂，以供遗貌。”到了康熙十年（1671年），林向哲在《瓯离子·洋城建三教祠序》中明确指出：“吾伯祖龙江先生之教，盛于今日吴、越、燕、齐、豫章之区……今先生之祠遍天下，即一郡之内，巨丽巍焕，金碧玲珑璀璨，雕甍绣桷，数里相望。”

林龙江塑像

可惜，据李光荣《莆田大事记》记载：“康熙五十五年，诏拆毁三教祠，以教徒朱昆迷惑少妇，事泄，株连合郡三教门徒，悉将龙江先生改妆戴冕旒，作玉皇帝像以扮之。玉皇殿称祠者，皆斯时改也。”乾隆五十三年（1788年）前后，当时朝廷正在编纂《四库全书》，剔除烧毁一切不利于清朝统治的书籍，林龙江的著作也被列为禁书，“属于军机处奏请全毁书目之列”。《四库全书总目提要》对《林子全集》做出严厉的批评：“（林龙江）生平立说，欲合三教为一，悠谬殆不足与辩，至称梦中见孔子授以鲁论微旨，尤为诞妄……皆猖狂无忌之谈。”至此，林龙江学说只好转入地下宣传。后来，周榖继承林龙江三教合一学说，定点于扬州，聚众讲学，创立太谷学派，影响甚大。可是，同治五年（1866年），因其弟子张积中在山东肥城黄崖山传道，创立集管、教、养、卫于一体的村社组织，从学者众，被清廷视为心腹之患，遂遭剿灭，史称“黄崖教案”。这时，除了莆仙两地，以及少数地方敢保留三教祠外，多数三教祠都被废弃，或改作他用了。其间，莆田有陈智达、梁普耀两人联袂奋起，复兴三教祠，再宣林龙江三教合一学说，是故莆仙两地又渐渐公开奉祀三一教主。

宋楚瑜题词

清朝末期，下南洋的莆仙人将三教信仰带到了东南亚诸国。其中，马来西亚雪兰莪万挠感应亭始创于同治八年（1869年），应该是南洋最早的三教祠。随后，三教信仰就在马来西亚悄悄流行起来，后传播至印度尼西亚、菲律宾、新加坡、日本、法国、德国、美国等国家，尤以马来西亚为突出。

后 记

福建，山海相拥，人杰地灵，人文荟萃，英才辈出，产生了许多伟大的思想家、文学家、教育家、科学家和民族英雄、爱国先驱、革命将士、时代楷模。他们的教育成长、道德品行和思想文章，是福建的宝贵精神财富，教育和激励着一代代福建人努力学习、奋勇前行。福建省社会科学界联合会组织编写的“福建历史文化名人丛书”，以福建历史名人为题材，古今结合，意在从高处着眼、从基础着手，普及人文社会科学知识，促进人文道德养成，使社会科学知识走进大众、走进生活、走进现实，让更多的人了解福建历史名人，弘扬优秀传统文化，增强福建文化影响力和感染力，为建设文化强省添砖加瓦。

“福建历史文化名人丛书”（第五辑）所包含的张元幹、林龙江、李光地、华嵒、梁章钜、冰心6个人物故事，记录了福建文化之于中国历史的影响，同时也以人物史的叙述方式生动地展现出中国人文精神的风骨和传统文化的传承。人物篇以人物生平为线索，在故事中体现传主的学问、事功、道德，凸显他们在中华文明进程中的重要作用，深入挖掘和阐发其内在精神，从而激起读者爱国爱乡的强烈情感，使之成为涵养社会主义核心价值观的重要源泉。

这套丛书以广大群众为读者对象，尤其是各年龄段的学生群体以及受过中等教育的读者，他们对这些历史名人的认知，大多来源于历史课本、乡土教材、文化景点和博物馆，很难形成具体、深入、系统的认识。丛书深入浅出，雅俗共赏，通过一个个生动精彩的故事带领读者走进福建历史，走入人文社会科学的知识殿堂，融故事性、知识性、趣味性、可读性于一体，对提升大众的阅读水平、普及社会科学知识、提高人文社会科学文化素养和思想道德素质有着积极的作用。

专家刘小新老师对丛书写作大纲和书稿进行了认真审读，并提出了许多很好的意见和建议，在此表示感谢！

由于编撰出版时间紧，经验和水平有限，疏漏在所难免，敬请广大读者批评指正。

编委会

2022年4月